DER MANN - EIN FEHLGRIFF DER NATUR

Rainer Knußmann

DER MANN
EIN FEHLGRIFF DER NATUR

EIN STERN-BUCH

Herausgeber:
Rolf Gillhausen, Peter Koch, Felix Schmidt
Redaktion: Hans-Joachim Maass
Gestaltung: Dietmar Meyer, Ekkhart Blunck
Produktion: Druckzentrale G+J
Druck: Clausen & Bosse, Leck
© STERN-Bücher im Verlag
Gruner + Jahr AG & Co, Hamburg
2. Auflage 1982
ISBN 3-570-06940-0

INHALT

Vorwort

Aufgebracht und bitterböse waren zwei Redakteurinnen des STERN, als sie das Manuskript für dieses Buch gelesen hatten – und die Männer in der Redaktion waren begeistert. Wie schön, wenn die Frauen sich schützend vor die Männer stellen und die Männer gern hinter den Frauen zurückstehen möchten!

Leider ist es nicht überall und immer so. Mitunter reagieren Frauen in Fragen des Geschlechterverhältnisses überempfindlich, und meist fühlen sich die Männer über die Frauen erhaben – selbst noch in unserer aufgeklärten Zeit. Der entscheidende Unterschied ist der, daß die Frauen Grund haben, empfindlich zu sein, die Männer aber keinen Grund, sich als etwas Besseres zu fühlen.

Mit meinem Buch möchte ich keineswegs in einen fanatischen Geschlechterkampf eintreten. Es kann den Geschlechtern — jedenfalls ihren vernünftigen Vertretern — nicht darum gehen, einander zu bekämpfen, sondern optimal miteinander zu leben, zu beider Nutzen und zu beider Vergnügen. Aber es schadet in unserer immer noch männlich bestimmten Gesellschaft nicht, wenn „der Mann" einmal einen Dämpfer bekommt.

Den Anstoß zu diesem Buch gaben die in den allerletzten Jahren erfolgten Entdeckungen der Humangenetik über die Geschlechtsbestimmung. Sie stehen in ihrer naturphilosophischen Konsequenz in krassem Widerspruch zu herkömmlichen Klischees. Diese sensationellen Folgerungen mußten einfach in die öffentliche Diskussion um die Geschlechter eingebracht werden. Ich habe dazu bewußt eine provokative Form gewählt — eine nicht auf Fachbiologen, sondern auf weite Laienkreise zugeschnittene Verpackung wissenschaftlich gut fundierter Grundaussagen, gewürzt mit der einen oder anderen sprachlichen Spielerei und nicht in jedem Satz als reine Naturwissenschaft zu nehmen.

In meinem Lehrbuch der Anthropologie und Humangenetik („Vergleichende Biologie des Menschen", G. Fischer Verlag, Stuttgart 1980) habe ich Gründe für die Annahme genannt, daß — zumindest manche – Verhaltensunterschiede zwischen den Geschlechtern bei aller Abhängigkeit von Kultur und Erziehung auch eine biologische Grundlage besitzen. Ich habe aber auch darauf hingewiesen, daß nicht eine Frau wie die andere und nicht ein Mann wie der andere ist. Wenn bei einer Betrachtung von Geschlechterunterschieden notwendigerweise von *der* Frau und *dem* Mann gesprochen wird, bedeutet dies immer eine Verallgemeinerung, die niemals jedem einzelnen Individuum gerecht werden kann. Sollte ich mit meinen Aussagen über *den* Mann zu sehr mich selbst beschrieben haben, so möge man es mir verzeihen.

Zum Schluß bleibt mir noch die angenehme Pflicht, mich bei den Mitarbeitern der STERN-Bücher herzlich zu bedanken und ebenso bei den zahlreichen Mitarbeitern der STERN-Redaktion, die mit der Serie befaßt waren, aus der das Buch hervorgegangen ist.

Im Mai 1982   Rainer Knußmann

1. KAPITEL

Hier irrte
die Bibel

„Und Gott der Herr machte den Menschen aus einem Erdenkloß, und er blies ihm ein den lebendigen Odem in seine Nase. Und also ward der Mensch eine lebendige Seele ... Und Gott der Herr sprach: Es ist nicht gut, daß der Mensch allein sei; ich will ihm eine Gehilfin machen, die um ihn sei ... Da ließ Gott der Herr einen tiefen Schlaf fallen auf den Menschen, und er schlief ein. Und er nahm seiner Rippen eine und schloß die Stätte zu mit Fleisch. Und Gott der Herr baute ein Weib aus der Rippe, die er von dem Menschen nahm, und brachte sie zu ihm. Da sprach der Mensch: Das ist doch Bein von meinem Bein und Fleisch von meinem Fleisch; man wird sie Männin heißen, darum daß sie vom Manne genommen ist."

So steht es im Buche Genesis des Alten Testaments. Doch die Bibel irrt. Zwar

Ein Wunschtraum des Mannes

Die Frau als sekundäres Geschlecht: So wie Meister
Bertram auf seinem 1379 für die St.-Petri-Kirche in
Hamburg gestalteten Hauptaltar stellte man
sich jahrhundertelang die Erschaffung Evas vor.

kann man die Schilderung von der Erschaffung des Menschen als symbolisch
verstehen und noch akzeptieren, doch bei
Eva hört es auf. Die Biologen wissen, daß
es ganz anders war. Sie haben der Natur
mit dem Mikroskop in ihre Geheimnisse
gesehen. Sie haben entdeckt, daß im Kern
einer jeden Zelle winzige Fäden sind, die
sich anfärben lassen und die sie deshalb
Chromosomen nennen.

Die Chromosomen treten paarweise auf,
wobei das eine Chromosom vom Vater,
das andere von der Mutter stammt. Auf
diesen Chromosomen befindet sich das
Erbgut. Es besteht aus chemisch ver-
schlüsselter Information, niedergeschrie-
ben wie in einem Buch, jedoch in nur wenigen, aber dafür unglaublich langen Zei-
len. Jeder Chromosomenfaden trägt eine
solche Zeile.

Die genetische Schrift kennt nur vier
Buchstaben, das heißt vier unterschiedli-
che Stoffe, die zur Stoffgruppe der sogenannten Basen gehören. Aus den vier
Buchstaben sind auf den Chromosomen
zwanzig verschiedene Wörter gebildet.
Diese Wörter fügen sich in vielfachen
Kombinationen zu einer ungeheuren Fülle
verschiedener Sätze zusammen. Die Sätze
sind meist sehr lang; sie können aus mehreren hundert Wörtern bestehen. Jeder

Das biologische Testament

Satz wird ein Gen genannt und veranlaßt die Zelle, ein ganz bestimmtes Eiweiß mit einem ganz bestimmten Auftrag zu produzieren. Diese Eiweiße sind die Bauhandwerker des Organismus. Sie heißen Enzyme und bauen getreu ihrem Auftrag aus der befruchteten Eizelle den Körper auf, einschließlich des Nervensystems, dessen Funktion wir Seele nennen.

Das verkümmerte Chromosom Der Mensch besitzt in jeder Körperzelle 23 verschiedene Chromosomen-Paare. Eines ist dafür verantwortlich, ob er Mann oder Frau ist: das Geschlechtschromosomen-Paar. Bei der Frau sind die Geschlechtschromosomen äußerlich einander gleich, wie dies auch für die anderen Chromosomen-Paare gilt. Die Geschlechtschromosomen der Frau werden X-Chromosomen genannt. Beim Mann aber sind die Geschlechtschromosomen verschieden. Das eine sieht aus wie die Geschlechtschromosomen der Frau; es ist ein X-Chromosom. Das andere Geschlechtschromosom des Mannes ist viel kleiner, nur ein winziger Stummel: das Y-Chromosom.

Dies alles ist heute längst schon Schulweisheit, nichts Neues mehr. Erstaunlich aber ist, daß man sich bisher nicht so recht klargemacht hat, wie das Y-Chromosom entstanden sein muß. Irgendwann

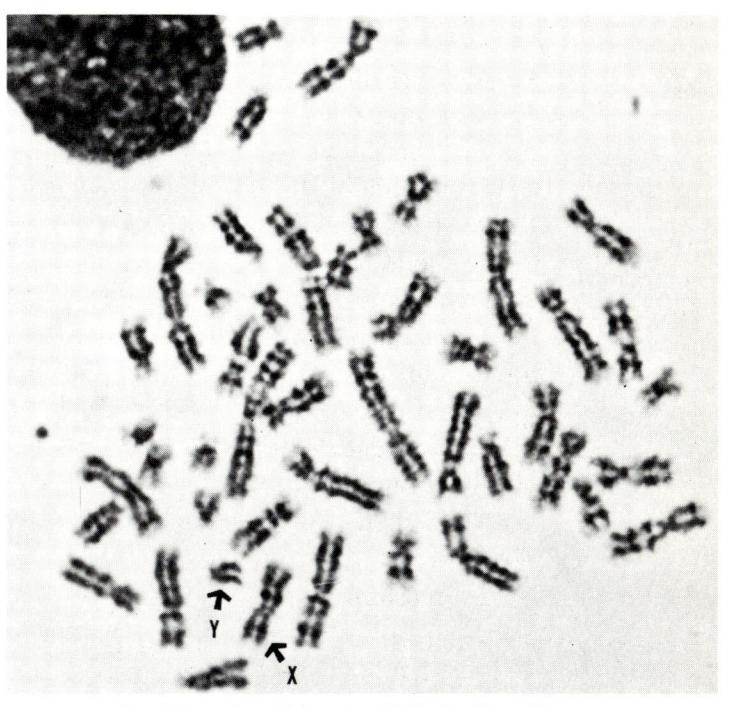

Das Erbgut eines Mannes in 1750facher Vergrößerung.
Während der Zellteilung lassen sich die
Chromosomen – das weibliche X- und das männliche
Y-Chromosom sind markiert – im Mikroskop
gut betrachten. Das Bild zeigt eine Phase, in der alle 46
Chromosomen bereits in verdoppelter Form
vorliegen; die beiden Hälften sind nur noch an einer
einzigen Stelle miteinander verknüpft. Jede
Tochterzelle wird das volle Erbgut erhalten.

hat eines der beiden Chromosomen eines gleichartigen Paares beträchtliche Teile verloren. So wurde aus einem von zwei X-Chromosomen ein Y-Chromosom – ein Y-Chromosom als verstümmelter Rest des vollen weiblichen X-Chromosoms. In unserer männlich dominierten Welt wollte man freilich keine Notiz davon nehmen, daß der Mann seine Existenz gleichsam einem defekten Frauenchromosom verdankt.

Das Mannes-Gen und seine Folgen

In den allerletzten Jahren kamen aber nun Entdeckungen hinzu, die den Irrtum der Bibel unübersehbar werden ließen. Auf dem Y-Chromosom der Säugetiere, also auch des Menschen, befindet sich ein ganz bestimmtes Gen, das für die männliche Geschlechtsbestimmung entscheidend ist. Dieses Gen ist verantwortlich für die Produktion eines Eiweißes, das es nur im männlichen Körper gibt und das H-Y-Antigen heißt (warum, wird im nächsten Kapitel erklärt).

Der aus Japan stammende amerikanische Forscher Susumu Ohno und in Deutschland die Forschergruppe um Ulrich Wolf in Freiburg haben herausgefunden, was dieses H-Y-Antigen im Keim der Säugetiere bewirkt. Es führt dazu, daß sich aus der Keimdrüsenanlage ein Hoden entwickelt. Fehlt das H-Y-Antigen, so entsteht daraus ein Eierstock, ohne daß es eines speziellen Stoffes bedarf. Der Mann ist also eine Sonderform, die dadurch zustande kommt, daß das H-Y-Antigen die Entwicklung der eigentlich weiblichen Keimdrüsenanlage in männliche Richtung umstimmt*.

Die bahnbrechenden Entdeckungen der modernen Wissenschaft enthalten weitere Hinweise darauf, daß jedes menschliche Individuum primär weiblich ist. Wenn das H-Y-Antigen die menschliche (weibliche) Keimdrüse in einen Hoden umgekrempelt hat, muß dieser Hoden erst noch dafür sorgen, daß auch der übrige Mensch männlich wird. Tut er dies nicht, entsteht trotz Hoden der normale Mensch mit weiblichem Körper.

Deshalb produziert der Hoden zwei entscheidende Stoffe: In seinen sogenannten Sertolizellen fabriziert er den Oviduktrepressor, der die Entwicklung von Eileitern und Gebärmutter unterdrückt. Und in seinen sogenannten Leydigzellen braut er ein Leben lang Testosteron, das männliche Hormon, zusammen. Allerdings gelingt es dem H-Y-Antigen gar nicht hun-

---

* Unter den Spezialisten wird zur Zeit diskutiert, inwieweit das bei Gewebeübertragungen deutlich werdende H-Y-Antigen identisch ist mit einem serologisch definierten männlichen Antigen (SDM). Für die naturphilosophischen Folgerungen, wie sie in diesem Buch dargestellt werden, ist dies ohne Belang.

dertprozentig, die Keimdrüse auf die Produktion des männlichen Hormons festzulegen. Der Hoden bringt auch weibliches Hormon hervor, jedoch in nur geringer Menge.

Die Aufgabe des Testosterons ist es, den gesamten Organismus männlich zu gestalten: breite Schultern, schmale Hüften, flache Brust, Bart, tiefe Stimme und was es sonst noch an männlichen Attributen gibt. Die schönsten Blüten werden wir noch kennenlernen. Das Testosteron muß zur Erfüllung seiner missionarischen Aufgabe von der körpereigenen Speditionsfirma Blutbahn in alle Zellen des Körpers transportiert werden. Es muß in jeden Zellkern eindringen und ihn dazu zwingen, seiner Zelle zu befehlen, sich männlich zu gebärden, das heißt zur Ausprägung männlicher Merkmale beizutragen.

Das Testosteron kommt aber allein gar nicht in die Zellkerne hinein. Vor der Haustür abgeladen zu werden, genügt ihm nicht. Es braucht gleichsam einen Diener – nein, eine Dienerin, die es hineinträgt. Als solches Vehikel betätigt sich nämlich ein Eiweiß, dessen Herstellung ausgerechnet von einem Gen des X-Chromosoms veranlaßt wird. Das weibliche Chromosom stellt also entgegenkommenderweise die Dienstmagd zur Verfügung,

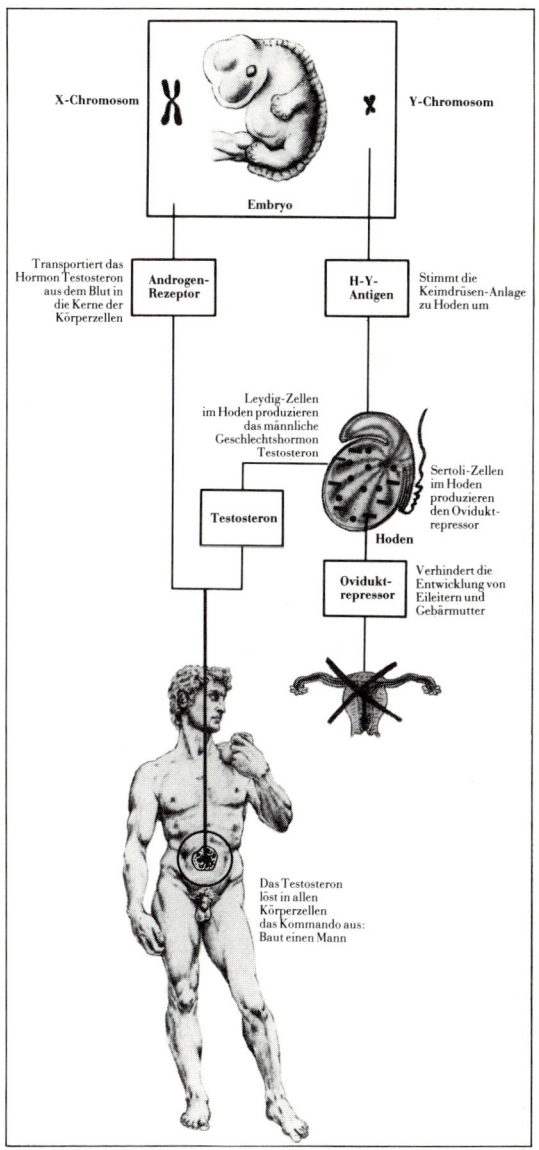

X-Chromosom

Y-Chromosom

Embryo

Transportiert das
Hormon Testosteron
aus dem Blut in
die Kerne der
Körperzellen

**Androgen-
Rezeptor**

**H-Y-
Antigen**

Stimmt die
Keimdrüsen-Anlage
zu Hoden um

Leydig-Zellen
im Hoden produzieren
das männliche
Geschlechtshormon
Testosteron

Sertoli-Zellen
im Hoden
produzieren
den Ovidukt-
repressor

Testosteron

Hoden

**Ovidukt-
repressor**

Verhindert die
Entwicklung von
Eileitern und
Gebärmutter

Das Testosteron
löst in allen
Körperzellen
das Kommando aus:
Baut einen Mann

Der Weg
zum männ-
lichen
Ableger.

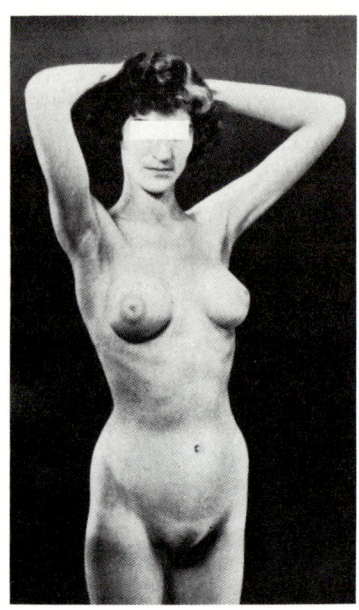

Dies ist ein Mann. Äußerlich
weisen nur die schmalen Hüften
und die schwache
Schambehaarung darauf hin, daß
es sich hier um einen Fall von
„testikulärer Feminisierung" handelt:
Im Bauchraum befinden sich
zwar Hoden, doch das männliche
Hormon kann nicht in
die Zellkerne hinein, weil der
Androgen-Rezeptor fehlt.
Deshalb entsteht ein weiblicher Habitus.

die dem männlichen Testosteron die Pantoffeln reicht.

Doch da gibt es Ausnahmen. Manchmal funktioniert das devote Gen des X-Chromosoms nicht. Probt es den Aufstand? Die Biologen nennen das nüchtern und distanziert eine Mutation, eine spontane Änderung der Erbinformation – nichts Besonderes, sondern im Vererbungsgeschehen weit verbreitet. Die Mutation des besagten Gens bewirkt, daß das Transporteiweiß, der sogenannte Androgen-Rezeptor, nicht gebildet wird. Nun kreist und kreist das Testosteron in der Blutbahn und kann nichts ausrichten. Und siehe da: Es entsteht ein weiblicher Organismus mit Brüsten, Schamlippen und Scheide – nicht weniger hübsch als eine echte Frau. Aber Gebärmutter und Eileiter fehlen; denn der Oviduktrepressor war ja in Aktion. Und statt Eierstöcken stecken Hoden im Bauch beziehungsweise im Leistenkanal; denn das H-Y-Antigen war ebenfalls tätig. Testikuläre Feminisierung nennt die Medizin dieses Bild, das man früher nicht zu erklären wußte.

Versuche an Säugetieren, bei denen die Geschlechtsbestimmung grundsätzlich wie beim Menschen abläuft, schließen die Beweiskette. Alfred Jost, Professor am Collège de France in Paris, kastrierte männli-

Der richtige Mensch

che, also XY-Keime, und ebenso weibliche, also XX-Keime, das heißt er nahm ihnen die Keimdrüsenanlage weg. Es entwickelten sich stets Individuen mit weiblichen Geschlechtsorganen, freilich ohne Eierstöcke, denn die Keimdrüsenanlagen waren ja entfernt worden. Dies besagt, daß es zur Entstehung eines weiblichen Organismus gar keiner Keimdrüsen bedarf. Das weibliche Bild stellt vielmehr den unmittelbar im Erbgut festgelegten Bauplan des Menschen dar. Der Mann dagegen ist eine Spezialform, die irgendwann in der langen tierischen Stammesgeschichte als Abwandlung des weiblichen Bauplans entstanden ist.

Das über-flüssige Geschlecht

Das männliche Geschlecht ist für das Fortbestehen des Lebens im Grunde gar nicht erforderlich. Keine Tierart kann sich ohne Weibchen fortpflanzen, so manche aber ohne Männchen. In diesen Fällen tritt das Ei ohne Befruchtung in die Entwicklung ein. Die Männerwelt hat diese Erscheinung mit dem blöden Namen Jungfernzeugung (Parthenogenese) belegt. Man findet sie bei Fadenwürmern, Weichtieren, Insekten und Krebsen, teils als alleinige Fortpflanzungsweise, teils neben der geschlechtlichen Fortpflanzung. Bei Wirbeltieren kommt sie sehr selten vor. Und wenn man nicht gerade die Story von der Jungfrau Maria anführen möchte (was ich für unfair halten würde), ist sie vom Menschen nicht bekannt. Aber auch bei ihm trägt der Mann nur wenig zur Entstehung eines neuen Individuums bei.

Das menschliche Ei ist 85 000mal größer als der menschliche Samenfaden (Spermium). Um diese winzigen Samenfäden zu produzieren, braucht es nicht viel. Deshalb kann ein einziger Mann so ungeheuer viele davon herstellen. Auf diesen Überfluß an Samen bildet sich der Mann auch noch was ein! Dabei übersieht er, was diese Übermäßigkeit bedeutet: daß nämlich der einzelne Mann nicht viel wert ist; denn es gibt davon viel zu viele. Für die Fortpflanzung genügten eigentlich einige wenige Männer.

Die einzelne Frau ist für die Erhaltung der Art viel wichtiger. Ihre Investitionen in die Nachkommenschaft sind unentbehrlich. Schon mit dem Ei leistet sie einen viel größeren Beitrag zur Grundsteinlegung eines neuen Individuums als der Mann. Während der Samenfaden nur Chromosomen beisteuert, enthält das Ei außer dem Zellkern viel Zellplasma. Darin befinden sich zusätzliche Erbinformationen. Man spricht von extrachromosomaler Vererbung. Sie ist bei Pflanzen und manchen Tieren nachgewiesen. Beim

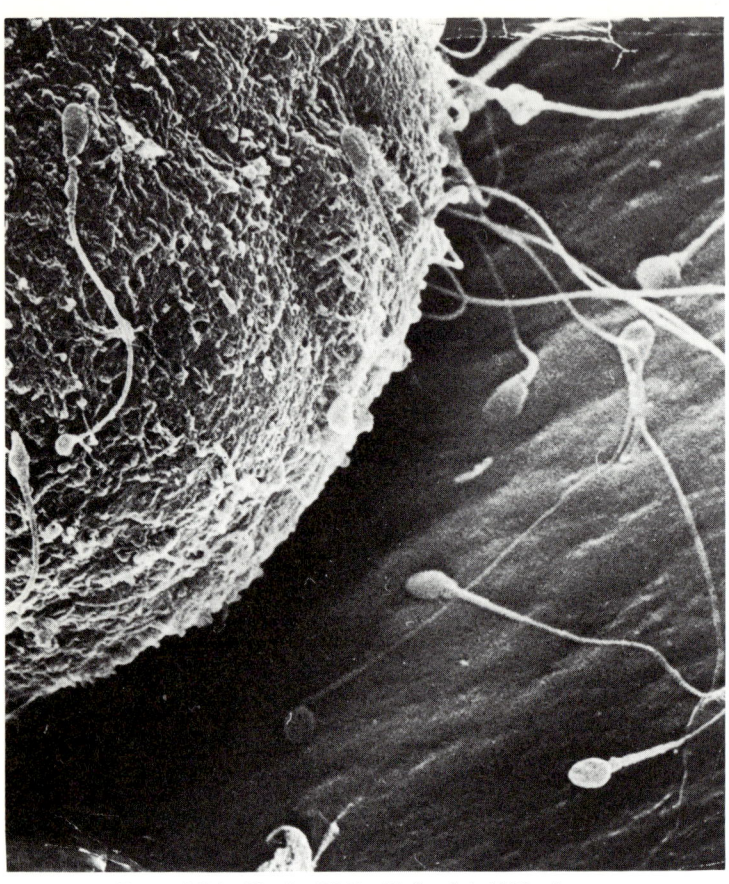

Das weibliche Ei – das Bild im Maßstab 1:1000 zeigt nur
einen Ausschnitt – ist 85 000mal größer als die männlichen
Samenfäden. Sobald einer von ihnen in das Ei eingedrungen ist,
verschließt es sich den übrigen. Zur Entstehung eines neuen
Individuums trägt das Ei viel mehr bei als der winzige Samenfaden.

Menschen gibt es zumindest deutliche
Hinweise darauf; denn es läßt sich statistisch nachweisen, daß im Durchschnitt
Kinder ihren Müttern ähnlicher sind als
ihren Vätern.

So jedenfalls konnte es für das Hautlei-
stensystem aufgezeigt werden. Diese fei-
nen Linienbildungen auf der Haut, die je-
dermann vom Fingerabdruck her kennt,
finden sich nicht nur auf allen Fingerkup-
pen, sondern auch auf den Handflächen,
den Fußsohlen und den Zehen. Da sich
die Linien im Laufe des Lebens nicht ver-
ändern, eignen sie sich für den geneti-
schen Vergleich von Eltern und Kindern
besonders gut.

Im Ei sind auch Nahrungsstoffe enthalten, die die Energie für die ersten Ent-
wicklungsschritte des neuen Individuums
liefern. Von mütterlicher Seite kommt somit der nährende Boden für das neue Leben, von väterlicher Seite mit dem Eindringen des Samenfadens in das Ei nur
ein Entwicklungsanstoß, ein Impuls —
nämlich der Startschuß für das Ei, mit
dem Aufbau eines neuen Individuums zu
beginnen.

Daß es auch ohne diesen männlichen
Impuls geht, zeigt die bereits erwähnte
Parthenogenese. Man kann sie sogar
künstlich hervorrufen; denn der Befruch-

Das Geschoß des Mannes: der Samenfaden. Das
Elektronenmikroskop zeigt in 4000facher Vergrößerung,
daß die vordere Hälfte des Kopfes abgeflacht ist.
Der Kopf entspricht im wesentlichen einem Zellkern, das
heißt er trägt das Erbgut. Mit dem Schwanz
kann sich der Samenfaden wie eine Schlange selbständig
fortbewegen, nämlich dem Ei entgegenkriechen.

tungsimpuls läßt sich durch eine simple
Nadel ersetzen. Ein feiner Einstich genügt, um das Ei zur Entwicklung zu brin-
gen. So konnte man Karpfen, Frösche und
Kaninchen ohne Beteiligung des männlichen Geschlechts erzeugen.

Wozu also braucht man den Mann?
Was bleibt, ist das Grundprinzip der geschlechtlichen Fortpflanzung: die Neukombination des Gen-Bestandes.

Der Befruch-
tungs-
spezialist

Bei höheren Lebewesen gibt es häufig
krankhafte Gene, die für den Keim töd-
lich wären, wenn nicht ein entsprechendes
gesundes Gen vom anderen Elternteil hin-
zukäme. Deshalb sterben bei ihnen die
meisten durch künstliche Parthenogenese
erzeugten Keime ab. Denn die hochent-
wickelten Tiere besitzen so viele Gene,
daß in jedem Individuum nach dem Zu-
fallsprinzip das eine oder andere krankhafte darunter ist — eine Folge von Muta-
tionen, von Druckfehlern im Buch der
Erbinformation.

Die Neukombination des Genbestandes
garantiert außerdem die Individualität,
die Einmaligkeit eines jeden Individuums.
Nur eineiige Zwillinge sind hiervon ausge-
nommen; denn sie gehen aus der Teilung
einer befruchteten Eizelle und somit aus
ungeschlechtlicher Vermehrung hervor.
Im übrigen aber ist selbst unter Geschwi-

stern die Wahrscheinlichkeit von genetisch übereinstimmenden Individuen
praktisch gleich Null. Denn jedes Elternpaar vermag theoretisch auf Grund der
Zufallskombination der Chromosomen bei
der Keimzellenbildung und Befruchtung
mehr als siebzig Billionen verschiedenartige Kinder zu erzeugen.

Die biologische Bedeutung der Individualität ist die Vielfalt. Sie liefert für die
Auslese die besten Ansatzmöglichkeiten
und dient damit der Stammesentwicklung. Denn bei großer Vielfalt werden
sich im Fall einer Veränderung der Umwelt, zum Beispiel einer Klimaschwankung, am ehesten einige Individuen finden, welche die richtige Ausstattung für
ein Überleben unter den neuen Bedingungen besitzen. Über die höhere Fortpflanzungschance dieser Individuen paßt sich
die Art der neuen Situation an.

Und schließlich bringt die Neukombination des Erbguts auch die Möglichkeit
mit sich, daß günstige Gene in ein und
demselben Individuum miteinander vereint werden – Gene, die in verschiedenen
Individuen durch Mutation entstanden
sind. Dadurch kann es zu besonders lebenstüchtigen Individuen kommen, von
denen die Weiterentwicklung der Art ausgeht.

Sexuelle Fortpflanzung ist also für die Natur ein nüchternes Kalkül. Die schönen Seiten, die wir ihr abgewinnen, sind sehr zweitrangig. Immerhin: Man verbindet das Angenehme mit dem Nützlichen.

Der biologische Nutzen der geschlechtlichen Fortpflanzung wäre aber auch voll und ganz zu erreichen, wenn es keine Geschlechter gäbe oder — genauer gesagt — keine Männer. Denn statt die Sonderform des männlichen Geschlechts zu erfinden, hätte es die Natur auch so einrichten können, daß zwei beliebige Individuen je eine Keimzelle mit halber Chromosomenzahl (23) ausstoßen und sich diese miteinander zum Grundstein eines neuen Individuums vereinigen. Es gibt ohnehin Tiere, bei denen die Verschmelzung von Eizelle und Samenfaden nicht im weiblichen Körper geschieht, sondern außerhalb. So legen viele Fische und Frösche ihre Eier im Wasser ab, und die Männchen geben ihren Samen darüber.

Die Natur hat es aber anders gemacht. Sie hat das Problem des richtigen Zusammenfindens von Keimzellen, also das Problem der gegenseitigen Anziehung, dadurch gelöst, daß sie eigens für die Fortpflanzung die Sonderform des männlichen Geschlechts schuf. Dies charakterisiert das Wesen des Mannes. Er ist nur ein Ab-

Eva war zuerst da

leger der Frau, eine menschliche Sonderform für die Fortpflanzung, den die Frau
sich als Luxus leistete. Deshalb stellt auch
das weibliche X-Chromosom wohlwollend
den Androgen-Rezeptor bereit. Was ver-
gibt sich die Frau schon damit? Sie bleibt
dennoch die Quelle des Lebens und von
Generation zu Generation der eigentliche,
der wahre Mensch. Der Mann ist das se-
kundäre Geschlecht, aus der „Rippe" der
Frau gemacht − genau umgekehrt, als es
die Bibel meint!

2. KAPITEL

Das Kuckucksei

Warum steht es in der Bibel falsch? Um die Antwort gleich vorwegzunehmen: Weil der Ableger der Frau außer Kontrolle geriet. Das ist nicht überall im Tierreich so. Häufig bleibt das Männchen auf seine Aufgabe als Begattungsspezialist beschränkt.

Ein bekanntes Beispiel liefert die Honigbiene. Die männlichen Bienen, die Drohnen, sind allein zum Begatten da. Ein herrliches Playboy-Leben? So rosig sieht es nicht aus. Zwar brauchen die Drohnen nicht zu arbeiten und werden von den weiblichen Bienen ernährt. Doch dürfen sie nur ein einziges Mal auf Frauenfang gehen. Und dann auch nur eine einzige, nämlich die Königin, begatten. Und selbst dies gelingt nur einigen wenigen der vielen Männchen. Diese Casanovas müssen dafür auf der Stelle mit dem Leben bezahlen; denn bei der Begattung

So machen's Schlauere

reißt ihnen der Riesenpenis aus dem Leib.

Aber auch die übrigen Drohnen genießen nur eine kurze Galgenfrist. Sie werden im Bienenstaat nicht mehr gebraucht, unnütze Fresser – die Weibchen machen ihnen kurzerhand den Garaus, indem sie sie einfach verhungern lassen. Obwohl die Weibchen kleiner sind, haben sie die Drohnen über die Stammesgeschichte hin schön an der Kandare behalten. Ganz einfach: Der männliche Ableger der wahren Biene hat keinen Stachel mitbekommen.

Auch bei den Spinnen geht das Weibchen mit dem Männchen nicht zimperlich um. Bei unserer heimischen Kreuzspinne wagt sich das Männchen nur sehr behutsam an das Weibchen heran. Es muß sich viel Mühe geben, um mit seinem Liebesspiel das Weibchen begattungswillig zu machen. Wenn danach das Weibchen aus dem Liebesrausch erwacht, tut das Männchen gut daran, sich diskret zurückzuziehen. Geht das nicht schnell genug, wird es vom Weibchen verspeist – zum Nachtisch sozusagen. Auch die Witwenspinnen haben ihre Liebhaber zum Fressen gern; mit Regelmäßigkeit verzehren sie nach der Paarung ihren Partner.

Ganz so brutal geht es bei den höheren Tieren nicht zu. Sie sind feinfühliger geworden – was nicht heißt, daß der Lie-

besableger immer gleich ein „Drohnenle-
ben" führen könnte. Bei vielen Wirbeltieren muß er zwar nicht sterben wie die
Drohnen, aber er darf auch nicht faulen-
zen wie sie. Jedenfalls nicht beim Seepferdchen, das zur Klasse der Fische gehört. Das Weibchen hat ihn hier so richtig
zum vollendeten Fortpflanzungsspeziali-
sten gemacht. Dazu gehören ja nicht nur
die angenehmen Seiten. Auf das kurze
Vergnügen der Begattung folgt die lange
Mühe des Austragens. Soll er die doch
auch übernehmen! Das Weibchen spritzt
ihm einfach die Eier in eine Bruttasche,
aus der er dann später die Jungen gebiert.

Auch viele Vögel haben ihre Männchen
richtig im Griff und lassen sie die Brut-
pflege machen. Ein extremes Beispiel bietet das tropische Blatthuhn. Vom Nestbau
über das Ausbrüten bis zur Aufzucht der
geschlüpften Jungen ist alles Männersache. Das Weibchen sieht zu — oder greift
sich noch ein zweites, ein drittes, ein vier-
tes Männchen. Aufbegehren gibt es nicht;
das Weibchen ist absolute Herrin. Da sind
die meisten unserer heimischen Vögel
doch sehr entgegenkommend. Die Weibchen begnügen sich mit *einem* Männchen
und sind zufrieden, wenn es mithilft.

Außerhalb der Säugetiere haben aber
häufig die Männchen gar kein Y-Chromo-

Bei den Seepferdchen
geht das Männchen
schwanger. Das Weibchen
spritzt ihm seine
Eier in die Bruttasche
und überläßt ihm
alles Weitere.

som, oder es ist für die Geschlechtsbestimmung ohne Bedeutung. Bei vielen Arten wird zum Männchen, wer nur *ein* X-
Chromosom besitzt, wem also das zweite
fehlt. Wieder wird es deutlich, daß das
Männchen ein Mangelwesen ist, eine genetisch unvollständige Frau.

Oder noch schlimmer: Bei den Bienen
zum Beispiel gehen aus unbefruchteten
Eiern die Drohnen hervor. So nebensäch-
liche Zeitgenossen bedürfen gar nicht der
Vorteile, wie sie die normale geschlechtli-
che Fortpflanzung durch die Erbgutver-
mischung mit sich bringt. Für sie lohnt es
die Mühe nicht.

Bei den Säugetieren, aus denen der
Mensch hervorgegangen ist, ist das alles
ganz anders geworden. Hier wurde das
H-Y-Antigen entscheidend. Es erwies sich
als teuflische Erfindung und machte das
Y-Chromosom für die Existenz des männlichen Geschlechts unentbehrlich.

Dies wußte man schon, als das H-Y-
Antigen noch unbekannt war. Denn es
gibt beim Menschen seltene Anomalien
der Chromosomenzahl, die darauf hinwei-
sen. So kennt man Individuen mit nur *einem* Geschlechtschromosom, nämlich einem X-Chromosom; das zweite X-Chromosom fehlt, und auch ein Y-Chromosom
ist nicht vorhanden. Diese Individuen sind

Die männliche
Schlange

zwar keine normalen Frauen, sondern zeigen Störungen; aber sie sind auf jeden Fall nicht männlich. Außerdem gibt es Menschen mit zwei, ja sogar drei oder vier X-Chromosomen und einem zusätzlichen Y-Chromosom. Diese Menschen sind nicht weiblich, sondern männlich.

Das Männer-Gen auf dem Y-Chromosom, das die Kochanweisung für das H-Y-Antigen gibt, wurde für den regulären Säuger, den weiblichen also, zum Schicksal. Denn es produzierte einen Mann, der sich gegen seine stammesgeschichtliche Mutter erfolgreich auflehnte, der die Frau unterjochte. Was nützte es ihr, daß sie gegen das revoltierende H-Y-Antigen allergisch wurde?

Bringt man dieses Eiweiß in den weiblichen Körper, so ruft es Unverträglichkeitsreaktionen hervor, ähnlich wie die Übertragung von Blut mit einer falschen Blutgruppe. Deshalb wurde es als Antigen bezeichnet; denn Antigene heißen alle Stoffe, die Abwehrreaktionen im Körper hervorrufen. Hierher gehören Krankheitserreger, und hierher gehört das Schlangengift. Nach der Bibel verbündete sich die Frau mit der Schlange gegen den Mann. In Wirklichkeit ist das typisch männliche Eiweiß Schlangengift für die Frau.

Selbstgefällig betrachtet ein Mann seinen Penis, der von
einer Welle aufgerichtet worden ist. Da die Frau
keinen Penis besitzt, wurde sie als unvollständiger Mensch
aufgefaßt. In Wahrheit aber ist der Penis nur ein
Alibi für die Unvollkommenheit des Mannes.

Das fatale H-Y-Antigen ließ den Ableger für die Befruchtungsfunktion übers Ziel hinausschießen: Es schuf den hypertrophierten Mann. Sein Paarungsorgan sproß zu einem gewaltigen Dolch. So ausgestattet, ist er nicht wie der Vogel darauf angewiesen, das Weibchen durch Umwerbung begattungsbereit zu machen. Beim Vogel werden die Geschlechtsöffnungen aufeinandergedrückt, was nur gelingt, wenn das Weibchen stillhält. Der Penis des Säugers einschließlich des Menschen erlaubt das gewaltsame Eindringen. Die Geschlechtsöffnung des Mannes wurde zum Vergewaltigungsorgan. Bei vielen Säugetieren, auch bei den nächsten Verwandten des Menschen, den Großaffen, ist es sogar durch einen Knochen verstärkt.

Entwicklungsgeschichtlich leitet sich der Penis von der Klitoris (Kitzler) der Frau ab, jenem kleinen Schwellkörper, der am vorderen Ende zwischen den Schamlippen sitzt. Der Penis stellt eine testosteronbedingte Wucherung der Klitoris dar – einen Auswuchs, auf den der Mann ungemein stolz ist. Das verleitete den Psychiater Sigmund Freud zu einer absurden Verdrehung der Tatsachen.

Nach Freud fühlt sich das Mädchen als verstümmelter Knabe, weil ihm der Penis

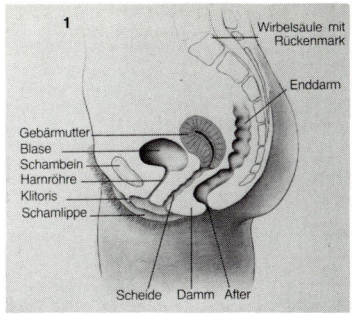

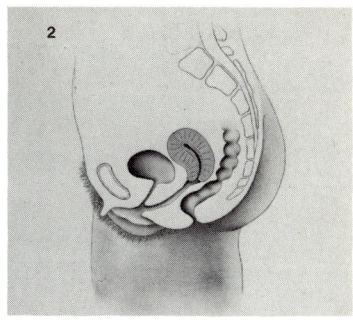

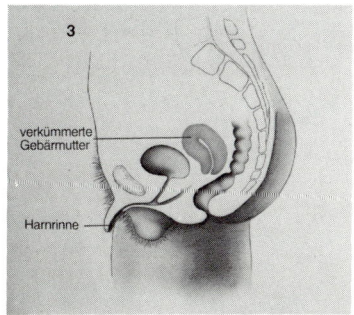

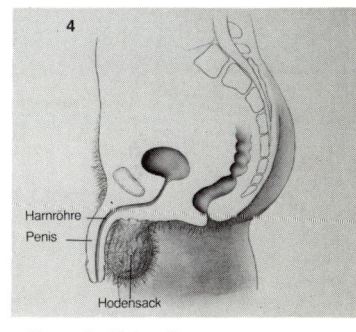

Der Mann – eine Abwandlung der Frau. Der
Penis ist eine Wucherung der Klitoris; der Hodensack
entsteht durch Verlängerung und Verwachsung
der Großen Schamlippen. Seltene Übergangsformen
(Zwitter, Bild 2 und 3) zeigen, wie der Mann
(Bild 4) sich von der Frau (Bild 1) ableitet.

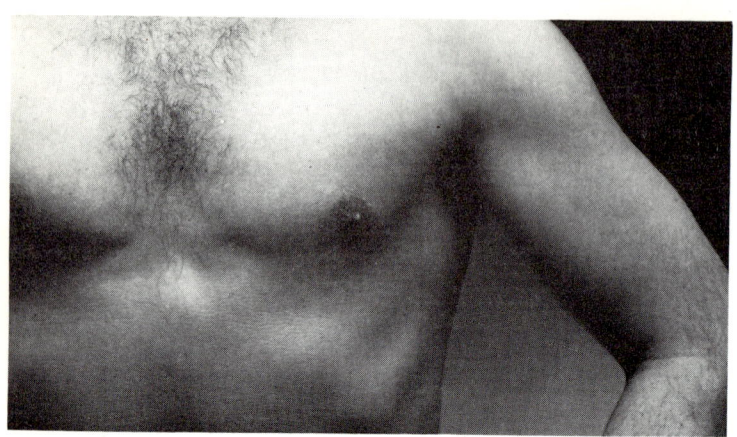

Der Rest der Frau: Die Brustwarze zeigt, daß der
Bauplan des Menschen weiblich ist.

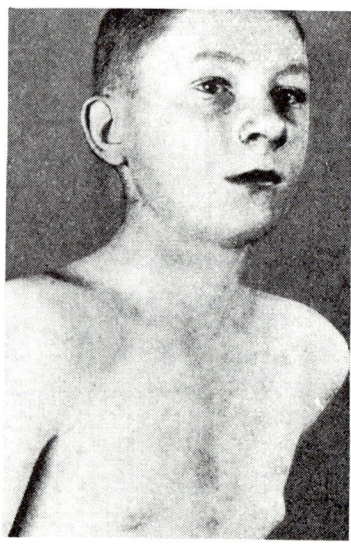

Erinnerung an den ursprünglichen Entwicklungsplan: Die
Brustwarze hebt sich in der Pubertät auch bei Knaben an. Doch
verflacht sie bald wieder – das Stillorgan Brust verkümmert.

fehlt. Daß dem Mann die Gebärmutter
und die Brüste fehlen und damit die Or-
gane, die bei allen höheren Säugetieren
für das Überleben der Art unerläßlich
sind, übersieht er.

Und doch stößt man ständig auf Belege
für den wahren Sachverhalt. Obwohl dem
Mann das Stillorgan Brust fehlt, hat er
Brustwarzen. Warum besitzt er sie? Für
was sollen sie gut sein? Sie lassen sich nur
als Reste der weiblichen Brust deuten —
weil der Mann nur eine Abwandlung der
Frau, des eigentlichen Menschen ist.

Nicht die Frau ist ein verstümmelter
Mann, sondern der Mann eine unterent-
wickelte Frau. Auch wenn er diesen Man-
gel mit der Säugetier-Errungenschaft des
überdimensionalen Penis zu kaschieren
versucht — jenem Auswuchs, der zum
sichtbaren Triumph des Ypsilon wurde.

Bei den Säugetieren schwang sich das
männliche Geschlecht zum Herren und
Tyrannen auf. Der Mann hat das Sagen,
die Frau die Arbeit. Jedenfalls ist die mü-
hevolle Aufzucht des Nachwuchses in der
Regel allein Frauensache. Bei den Löwen,
bei denen das Männchen besonders impo-
sant aussieht, läßt es sich sogar noch sel-
ber von den Weibchen ernähren. Sie gehen auf die Jagd; er trottet geruhsam hin-
terher. Beim Fressen ist er dann als erster

Der Frauentorso

Die Degra-
dierung zum
Objekt

dran; wenn er sich den Bauch vollgeschlagen hat, dürfen sich die Jägerinnen den Rest teilen. Auch bei den Affen beansprucht der Pascha selbstverständlich zuerst einmal das Futter für sich; die Leckerbissen gehören ohnehin ihm.

Ja, aber die Schutzfunktion, die Verteidigung der Horde — das ist doch die gefährliche Aufgabe des Mannes. So heißt das Alibi. Der Pascha muß zwar selten etwas tun, aber in der Tat: Die Verteidigung fällt ihm zu. Warum jedoch verteidigt er so edelmütig die Weibchen mit ihren Kindern? Nur um seiner selbst willen, aus purem Eigennutz; denn er sieht sie als seinen Besitz an. Sie gehören ihm, und wer will sich schon so einfach etwas wegnehmen lassen.

Nicht anders ist es beim Menschen. Die Frau gehört dem Mann. Deshalb nannte er sie *das* Weib. Das Weib ist sächlich, eine Sache, die man besitzt. Deshalb muß man in der Mehrzahl der Kulturen einen Brautpreis zahlen — wie für eine Handelsware. Er aber, der Mann, ist der Mensch. So bedeutet im Latein *homo* sowohl Mensch als auch Mann. In allen vom Latein abgeleiteten modernen Sprachen findet es sich wieder: *uomo* (italienisch), *hombre* (spanisch), *homem* (portugiesisch), *homme* (französisch) — immer

heißt es Mensch wie Mann. Sogar das
englische Wort *man* beinhaltet beide Be-
deutungen.

Diese Geisteshaltung, getragen von der
Überheblichkeit des Mannes, ist in alle
drei großen Religionen eingegangen, die
im Vorderen Orient, dem Ursprungsgebiet
der abendländischen Kultur, entstanden
sind. Im Judentum, im Christentum und
im Islam ist die Frau etwas Zweitrangiges,
ein Untermensch. Das Ebenbild Gottes,
als das der Mensch laut Altem Testament
geschaffen wurde, ist der Mann. In einem
Brief an die Korinther legt der Heilige
Paulus die richtigen Abstände fest: „Der
Mann . . . ist Gottes Bild und Ehre; das
Weib aber ist des Mannes Ehre."

Selbstverständlich ist auch Gott selbst
männlich, und auch die Engel sind männlich. Und in der katholischen Kirche kann
bis zum heutigen Tag nur ein Mann Prie-
ster werden. Für jeden frommen Bibeljün-
ger muß die Frau ein unvollständiger
Mann sein. Der Mann als Abkömmling
der Frau wäre Gotteslästerung. Dabei
müßte Gott als Urkraft des Lebens weiblich sein; denn das Weibliche ist das Ur-
sprüngliche, der Urquell allen Lebens.

Aus dem Blickwinkel des Mannes sieht
es anders aus. Die Frau darf zwar die
Kinder gebären, aber der Erzeuger ist er.

Die Krone
der Schöpfung?

Als Nachwuchs begehrt ist deshalb der „Stammhalter", die Geburt eines Mädchens vielerorts sogar ein Mißgeschick. Der Befruchtungsspezialist entpuppt sich als mißratener Ableger, als Kuckuckseı. „Die Geister, die ich rief . . ."!

Der Mann *ist* nicht, aber er *fühlt* sich als Herr der Schöpfung. Nur *er* kann die Geschichte von der Erschaffung der Frau geschrieben haben. Diese Bibelworte sind Ausfluß männlicher Hybris, männlicher Vermessenheit. Der Mann verdrehte die Tatsachen ins Gegenteil — wahrscheinlich ohne es zu wissen. Denn in seinem Größenwahnsinn glaubt er an sich selbst.

Das 20. Jahrhundert war schon angebrochen, als der Wiener Philosoph Otto Weininger allen Ernstes verkündete, „daß Genialität an die Männlichkeit geknüpft ist, daß sie eine ideale, potenzierte Männlichkeit vorstellt; denn die Frau hat kein originelles, sondern ein ihr vom Manne verliehenes Bewußtsein".

Die Rolle, die der Mann der Frau zugedacht hat, steht unter dem Motto: „Dienen lerne beizeiten das Weib." Schon im 1. Buche Mose belehrt Gott die Frau: „. . . er soll dein Herr sein." Paulus unterstreicht es in einem Brief an die Epheser: „Die Weiber seien untertan ihren Männern als dem Herrn."

Und der abendländisch-männliche Philosoph Friedrich Nietzsche, obwohl ganz und gar nicht kirchlich gesonnen, ist derselben Meinung; er läßt es seinen Zarathustra im Klartext sagen: „Du gehst zu Frauen? Vergiß die Peitsche nicht!"

3. KAPITEL

Der Bluff mit Größe und Kraft

Wie konnte es geschehen, daß der Ableger „Mann" so außer Kontrolle geriet? Am Penis allein lag es nicht. Den gibt es auch anderswo im Tierreich, wenn auch bei den Wirbeltieren außerhalb der Säuger nur selten und nicht so stattlich wie bei diesen oder den Drohnen. Gewiß spielte der Penis eine Rolle; maßgebend für die Unterjochung der Frau waren aber zwei andere Dinge: die Körpergröße und die Aggression. Die Körpergröße brachte die Kraft und die Aggression den Willen zur Macht.

Bei fast allen Säugetieren ist das Männchen größer bzw. schwerer als das Weibchen. Der männliche See-Elefant erreicht sogar das vierfache Gewicht des weiblichen. Auch bei den nächsten Verwandten des Menschen über*wiegen* die männlichen die weiblichen Tiere. So sind die Männchen beim Orang-Utan und Gorilla etwa

Adam der Große

Die männliche Größenprävalenz bei den Säugern: Bei See-Elefanten ist das Männchen sogar viermal so schwer wie das Weibchen.

doppelt so schwer wie die Weibchen. Beim Schimpansen und beim Menschen ist der Unterschied zwar geringer, aber auch vorhanden. In allen menschlichen Bevölkerungen sind die Männer im Durchschnitt größer als die Frauen; der Unterschied beträgt etwa zehn Zentimeter.

Nur ganz vereinzelt findet man Säugetiere, bei denen die Weibchen geringfügig schwerer sind als die Männchen, so zum Beispiel bei der Hyäne oder dem südamerikanischen Krallenäffchen. Dagegen gibt es außerhalb der Säugetiere Fälle genug, in denen die Männchen schön klein gehalten wurden. Bei Fadenwürmern, Spinnen, vielen Insekten, vielen Fischen und Lurchen ist es die Regel, daß das Männchen kleiner ist als das Weibchen. Dies gilt auch für die Raubvögel. Beim Blatthuhn erreicht das Männchen sogar fast nur die Hälfte der Größe des Weibchens – und siehe da: Dort hat der Herr Gemahl absolut nichts zu melden.

Es gibt sogar Tierarten, bei denen die Männchen nur Kümmerformen darstellen, häufig regelrechte Krüppel. So fehlen den kleinen Männchen bei manchen Wespen (Feigenwespen) die Flügel. Die Zwergmännchen der Rädertiere, kleiner, im Wasser lebender Würmer, bestehen fast nur noch aus Hoden und Penis; sie sind so

Hier hat der Herr Gemahl nichts zu melden. In
vielen Tiergruppen außerhalb der Säuger ist das
Männchen erheblich kleiner als das Weibchen, so bei den
Witwenspinnen. Die männliche Größenprävalenz kann im
Tierreich keineswegs als Regel gelten.

Das Weibchen hat seine Mini-Männchen immer
gut im Griff. Beim Angler-Fisch der Tiefsee sind die
kümmerlich entwickelten Männchen – hier zwei
– wie Parasiten am Weibchen festgewachsen.

klein, daß sie ihren Nahrungsmittelbedarf aus dem Ei abdecken können, aus dem sie hervorgegangen sind. Mit anderen Worten: Sie sind nicht einmal in der Lage, sich selbst zu ernähren, sondern bekommen ihren Unterhalt von den Weibchen gespendet. Beim Meereswurm „Bonellia viridis" sind die Männchen im Vergleich zu den Weibchen so winzig, daß sie als Schmarotzer in den weiblichen Geschlechtsorganen leben können. Einige Fische haben eine ganz besonders clevere Idee verwirklicht: Bei ihnen wachsen die unterentwickelten Männchen an den Weibchen fest. Zwar müssen die Weibchen die Männchen ernähren, doch können diese dafür auch keine unerlaubten Sprünge machen.

Überlegenheit in der Körpergröße bringt Überlegenheit in der Kraft. Beim Menschen ist zudem das männliche Geschlecht nicht nur größer, sondern es besitzt auch die robusteren Knochen und den höheren Anteil an Muskulatur. Beim Mann sind mehr als 40 Prozent, bei der Frau nur etwa 36 Prozent der Gesamtmasse des Körpers Muskelgewebe. Mädchen erreichen in der Muskelkraft sogar nach sportlichem Training noch nicht einmal den Durchschnittswert ihrer männlichen Altersgenossen.

7 % Blut	8 % Blut
12 % Eingeweide	12 % Eingeweide
30 % Fett	20 % Fett
36 % Muskel	41 % Muskel
15 % Knochen	19 % Knochen

Mehr Knochen, Muskeln und Blut verleihen dem Mann mehr Kraft und Ausdauer des Bewegungsapparates – nicht aber mehr Geschicklichkeit und erst recht nicht mehr Verstand, auch nicht mehr Vitalität.

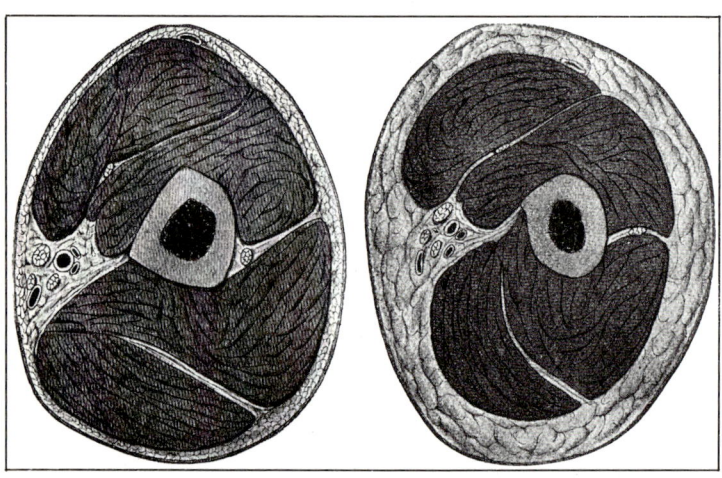

In der Muskulatur liegt die Stärke des Mannes. Der Querschnitt durch
den Oberarm zeigt, daß der Mann (links) einen robusteren Knochen
und kräftigere Muskeln besitzt als die Frau. Sie verfügt über mehr
Unterhautfettgewebe, das gut isoliert; deshalb ist ihr
Wärmehaushalt günstiger als der des Mannes.

Der Hamburger Arzt und Anthropologe Rüdiger Fricke hat durch eine Untersuchung an über tausend Wehrpflichtigen nachgewiesen, daß Knochenderbheit, Muskelkraft, Schulterbreite, Penis und Hoden ein- und demselben Wachstumsimpuls folgen, nämlich dem männlichen Entwicklungsgesetz.

Aber nicht nur in der augenblicklichen Muskelleistung, sondern auch in der Ausdauer ist der Mann begünstigt. Ausdauer ist Sache von Atmung und Kreislauf. Der Mann verfügt über eine größere Atemkapazität, und er besitzt, bezogen auf das Körpergewicht, mehr Blut als die Frau. Außerdem enthält sein Blut eine höhere Konzentration des roten Farbstoffs (Hämoglobin), mit dem das Blut den Sauerstoff zu den Zellen transportiert (Männer 17, Frauen 15 Gramm pro 100 ccm Blut).

Der Mann ist also das starke Geschlecht. Und er nutzt es schamlos zum eigenen Vorteil aus. Denn er bedient sich seiner Kraft nicht, um schwere Arbeit zu leisten, sondern um seine Frau auszubeuten. Ihr, dem schwachen Geschlecht, bürdet er die Schwerarbeit auf. So jedenfalls ist es Brauch in vielen Kulturen: im Vorderen Orient, mehr oder weniger in ganz Afrika und an vielen anderen Stellen der Erde. Die Frau ist Arbeitstier, ja Lasttier;

Arbeit adelt

sie verrichtet die anstrengende Feldarbeit und schleppt schwere Lasten. Er ist der Herr, der sie beaufsichtigt und den sie bedienen muß.

Hierzulande benimmt sich das männliche Geschlecht zwar etwas galanter, aber auch nur *etwas*. Selbstverständlich ist Schwerarbeit bei uns Männersache — deshalb kann die Frau, weil sie ja weniger schwer zu arbeiten vermag, in gleicher Position nur weniger verdienen. Und von den bleischweren Lebensmitteltaschen, den Wassereimern und all der sonstigen Muskelarbeit im Haushalt redet man nicht, wenn man hinter dem Schreibtisch sitzt, um „schwere" (geistige) Arbeit zu vollbringen.

Das zarte Bübchen

Doch ist der Mann überhaupt das starke Geschlecht? Da gibt es eine Erkenntnis, die ihm als Rechtfertigung seiner Selbstschonung zu Hilfe kommen könnte — eine Tatsache, die ihm aber noch gar nicht bewußt war, als er die schwerste Arbeit auf seine Frau abwälzte und die er mit seiner Ehre auch gar nicht vereinbaren kann: Der Mann ist weniger vital als die Frau.

Die Frau kann körperlich und seelisch mehr aushalten als der Mann; sie ist stärker belastbar als er. Schon in der Entwicklung überstehen Mädchen negative

Im Joch des Mannes – gleichrangig neben dem Arbeitstier.
Die alte kroatische Federzeichnung symbolisiert die
Ausnutzung der Frau, die in vielen Kulturen verbreitet ist.

So sieht es realistisch aus: Frauen
schuften, wie hier in der Türkei bei Straßenarbeiten,
und der Mann führt die Aufsicht.

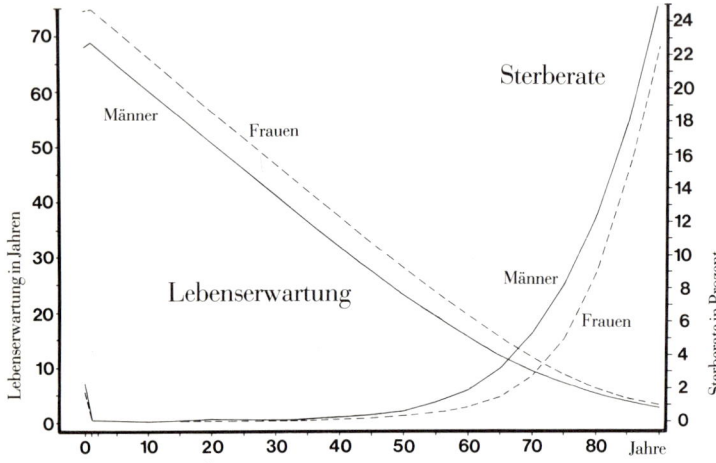

Die Überlegenheit der Frau in der Vitalität –
Lebenserwartung und Sterberate liefern den statistischen Beweis
(hier für die Bundesrepublik Deutschland). Die
Lebenserwartung besagt, wieviel Jahre (linke Skala) die Individuen
eines bestimmten Alters (untere Skala) im Durchschnitt noch
zu leben haben. Die Sterberate gibt an, wieviel Prozent (rechte Skala)
der Individuen eines bestimmten Alters (untere Skala)
innerhalb einer Jahresfrist sterben. Zum Ablesen geht man jeweils
von der unteren Skala (Lebensalter) senkrecht nach oben bis
zur Kurve für Männer bzw. Frauen und von dort waagerecht nach
links (Lebenserwartung) oder rechts (Sterberate).

Umwelteinflüsse verschiedenster Art wie Ernährungsmängel oder Krankheiten besser als Knaben; das ist schon bei den Affen so. Der heldenhafte Mann ist viel wehleidiger als die schwache Frau. Sie darf zwar heute in unserem Kulturkreis eher weinen als er, aber jeder Arzt weiß, daß bereits bei einem so läppischen Eingriff wie einer Blutentnahme Männer eher umkippen als Frauen – und zwar um so eher, je mehr sie einem Schrank ähneln.

Den schlagendsten Beweis für die größere Widerstandskraft der Frau erbringt die Lebensdauer. Frauen werden in Deutschland, Großbritannien und Italien im Schnitt sechs Jahre älter als Männer, in Österreich sogar sieben, in Polen, in Frankreich und in den USA acht und in der Sowjetunion zehn Jahre. Auch in anderen Teilen der Erde leben die Frauen meist länger als die Männer, selbst da, wo sie als Arbeitstiere barbarisch schuften müssen, etwa in islamischen Ländern wie Algerien, Ägypten und Iran oder bei den Afrikanern am Kongo.

Das in Wahrheit schwache „starke Geschlecht" führt für sich an, daß es stärkerem beruflichem Streß ausgesetzt sei. Aber schon im Mutterleib sterben männliche Früchte viel häufiger ab als weibliche, obwohl da noch kein Streß schuld sein kann. Kürzlich wurde zwar propagiert, daß es ganz so schlimm um die männlichen Keime gar nicht bestellt sei, aber es läßt sich nicht daran rütteln, daß unter den Totgeburten die Knaben viel stärker überwiegen als unter den Lebendgeburten. Auch da sind sie in der Überzahl, weil die Natur vorsorglich ein paar mehr von ihnen produziert; denn sie weiß, daß die zarten Bübchen gegen die Gefahren des Lebens schlechter gewappnet sind.

Größe ist nicht Stärke schlechthin. Biologisch gesehen ist der Mann das große, die Frau das starke Geschlecht. Die Stärke des Mannes erschöpft sich in der Spezialisierung auf Kraft des Bewegungsapparates. Und dennoch fühlt sich der Mann wenig zur körperlichen Arbeit hingezogen, für die er doch so geeignet ist. Vielmehr sieht er die *geistige* Arbeit als *seine* Domäne an. Denn mit seinem Körper ist auch sein Gehirn größer.

Von Intellekt und Schwachsinn

In der Tat beträgt das Hirngewicht des Mannes im Durchschnitt etwa 1400 und das der Frau nur knapp 1300 Gramm. Welch ein schöner Beweis für die höhere Intelligenz des Mannes! Nur schade, daß der Elefant noch sehr viel mehr Gehirn besitzt. Dennoch gründete zur Jahrhundertwende der deutsche Nervenarzt Paul Möbius auf das kleinere Gehirn der Frau seine These vom „physiologischen Schwachsinn des Weibes". Diese schwachsinnige — obwohl nicht weibliche — These konnte nur dem zwar sicherlich nicht schwachsinnigen, aber von Überheblichkeit geblendeten Gehirn eines Mannes entspringen. Sie ist immerhin so genial, daß sie für sich in Anspruch nehmen kann, eine der schönsten Ausgeburten männlicher Selbstüberschätzung darzustellen. Sie wird ergänzt durch die ebenso beweiskräftige Erkenntnis des (vermutlich männlichen) Volksmundes: lange Haare — kurzer Verstand.

Jeder, der mit offenen Augen durch die Natur geht, bemerkt, daß Hirngröße allein nicht ausschlaggebend ist. Vor allem spielt eine Rolle, welche Körpermasse vom Gehirn versorgt werden muß. Im relativen, das heißt auf das Körpergewicht bezogenen Volumen übertrifft jedoch die Frau den Mann. Doch das relative Hirngewicht ist zwar ein besserer, aber auch kein absoluter Gradmesser der Intelligenz; denn der Kapuzineraffe, die Hausmaus, der Delphin und der Sperling übertreffen darin den Menschen. Die Dinge liegen eben komplizierter.

Wie dem auch sei — Intelligenztests lassen im statistischen Mittel keinen Unterschied zwischen Männern und Frauen erkennen. Und dies, obwohl unsere von der Männerwelt erstellten Tests zumindest nicht weniger auf männliche als auf weibliche Eigenschaften zugeschnitten sind.

Zudem ist die Aussage von der Ebenbürtigkeit von Mann und Frau in der Verstandesleistung zugunsten des weiblichen Geschlechts einzuschränken. Der britische Psychologe Hans Jürgen Eysenck berichtet, daß bei den Schwarzen in den USA das weibliche Geschlecht in den Intelligenztests deutlich besser abschneidet als das männliche. Dementsprechend findet man dort – Möbius zum Trotze! – unter High-School-Absolventen mindestens 30 und unter College-Besuchern mindestens 60 Prozent mehr Mädchen als Knaben; und in Schulen, die ausschließlich von Schwarzen besucht werden, sind 75 bis 90 Prozent der Inhaber eines „Honours-Grade" weiblich.

In der weißen Rasse muß ebenfalls eine Einschränkung gemacht werden: Lissy Jarvik von der Universität in Los Angeles trug Daten zusammen, die belegen, daß in hohem Lebensalter auch in der weißen Bevölkerung die Frauen in Intelligenztests bessere Leistungen erbringen als die Männer.

Und doch hat es etwas mit dem Zentralnervensystem zu tun, daß die Körpergröße dem Mann zur Macht verhalf. Denn der Mann spielt seine Überlegenheit in der Körpergröße in einem üblen Verhaltenstrick aus.

Der Trick mit der Körpergröße

Bei den Wirbeltieren sind mit dem Aufwärts positive, mit dem Abwärts negative Gefühle verbunden. Auch der Mensch macht hier keine Ausnahme. Beim Lachen werden die Mundwinkel nach oben, beim Weinen nach unten gezogen. Vor Freude springt man in die Höhe, bei Trauer ist man „niedergedrückt".

Das gleiche Auf/Abwärts-Prinzip wird bei der Verständigung mit den Artgenossen benutzt. Aufwärts, das heißt den Körper vergrößern, signalisiert das positive Gefühl der Überlegenheit – Abwärts, das heißt den Körper verkleinern, bekundet das negative Gefühl der Unterlegenheit.

Zum Imponieren oder Drohen wird der Kopf hochgereckt und bei den Vögeln der Körper durch Aufplustern des Gefieders oder bei den Affen durch Aufblasen der Kehlsäcke zusätzlich vergrößert. Menschenaffen richten sich auf den Hinterbeinen auf, obwohl sie so viel wackeliger stehen als auf allen vieren. Doch der Große ist der Starke.

Demut zeigt man dagegen durch Niederducken. Zusätzlich wird der Körper durch Schwanzeinziehen verkleinert; je-

Da ist wohl ein Falscher druntergeraten! Die Fotomontage
zeigt das gleiche Imponiergehabe bei Affe und
Mensch. Der Gorilla richtet sich auf, streckt den
Brustkasten heraus und trommelt mit den
Fäusten darauf. Die eitlen Body-building-Männer
posieren verblüffend ähnlich, um ihre
kraftstrotzende Muskelpracht zur Schau zu stellen.

der von uns kennt dies vom ängstlichen Hund. Solche Verhaltensweisen wirken auf den Artgenossen beschwichtigend.

Auch beim Menschen spielt sich das Zusammenleben nach diesen uralten Wirbeltier-Regeln ab. Die Verhaltensforscher haben darauf hingewiesen, daß der Überlegene, der Ranghohe körperlich herausgehoben wird — sei es durch erhöhten Sitz, sei es durch eine Krone oder eine die Körpergröße steigernde Maske. Die Wichtigkeit einer Situation wird durch das Tragen eines hohen Zylinderhutes unterstrichen. Demgegenüber bedeutet die Verkleinerung durch Hutabnahme oder Verbeugung Ehrerbietung, und der Kniefall bezeugt Unterwürfigkeit.

Der Große vermag auf seine kleineren Mitmenschen herabzublicken. Dieses Erlebnis seiner Körperhöhe vermittelt ihm das Gefühl der Überlegenheit, und dieses Gefühl festigt sein Selbstbewußtsein und verleiht ihm Sicherheit im Auftritt. Der Große aber ist der Mann, der Kleine die Frau. Seine Körpergröße gibt dem Mann auf psychischer Ebene Überlegenheit über die Frau; er sieht auf sie herab und fühlt sich als Herr.

Die Frau aber blickt zum Mann empor. Dieses ständige Aufsehen zwingt ihr das dauernde Gefühl der Unterlegenheit auf —

Der Schein trügt: Durch aufrechte Haltung, Kehlsack
und Wangenwülste verschafft sich der Orang-Utan-Mann
ein gewaltigeres Aussehen.

Das Erbe aus der tierischen Vergangenheit:
Die Selbstvergrößerung durch die hohen Bärenfellmützen
soll die Männer eindrucksvoller machen und
damit die Wichtigkeit der Situation unterstreichen. Aber die
Größensteigerung, ein uraltes
Verhaltensmerkmal der Wirbeltiere, ist nur ein
Ablenkungsmanöver des schwachen „starken
Geschlechts": Sogar harttrainierte Soldaten, hier bei einer
Parade in London, kippen rasch aus den Pantinen.

ein permanentes psychisches Trauma, das ihr die Rolle der Dienerin als gottgegeben erscheinen läßt.

Längst hat Körperkraft in unserer Gesellschaft keine Bedeutung mehr, doch der Ausdruckswert der Körpergröße ist geblieben. Ohne daß wir uns dessen bewußt sind, macht der *Große* auf uns einen *größeren* Eindruck. Wir sind eher bereit, ihn als Autorität anzuerkennen als seine kleinwüchsigen Konkurrenten. So sagte ein Chefarzt, dem eine befähigte und resolute, aber kleine Krankenschwester vom Stationsarzt für die Beförderung zur Oberschwester vorgeschlagen wurde: „Die ist zu klein; die setzt sich nicht durch."

Die „höheren" Stände

Aus dem Tierreich übernommene Instinktreste sind tief in uns verwurzelt und leiten unser Handeln. Welch überragende Bedeutung die Körpergröße noch in der heutigen Gesellschaft spielt, zeigt der Vergleich der sozialen Schichten. Zwischen Angehörigen der Oberschicht, also Akademikern und avancierten Geschäftsleuten, und solchen der Grundschicht, nämlich ungelernten Arbeitern, besteht ein durchschnittlicher Unterschied in der Körpergröße von fünf Zentimetern beim männlichen und vier beim weiblichen Geschlecht. Wie kommt es dazu?

Milieutheoretiker glauben, daß Kinder

Der Affe steckt noch tief im Menschen – auch wenn der
Mensch durch kulturelle Überformung in abgewandelter Weise
imponiert. Das Eindruckschinden zielt bei beiden auf die
gleichen Instinkte und bedient sich der gleichen Prinzipien:
räumliche Erhöhung und Vergrößerung der Körpermasse.
Die gestalterischen Möglichkeiten des Menschen erlauben es,
Körpermasse durch einen auf die Person zentrierten Umbau zu
simulieren wie hier, ins Lächerliche übertrieben, bei „Kaiser Bokassa“.

aus der Oberschicht größer werden, weil sie besser zu essen bekämen. Die Anthropologin Astrid Schumacher von der Hamburger Universität hat aber nachgewiesen, daß soziale Aufsteiger in der Körpergröße der Oberschicht gleichen, obwohl sie im Grundschicht-Milieu ihrer Eltern aufgewachsen sind. Dem Einwand, daß die betreffenden Eltern ihre Kinder besonders gut ernährt haben könnten, entgegnete sie mit dem statistischen Befund, daß Aufsteiger größer sind als ihre nicht aufgestiegenen Geschwister. Man kann aber wohl kaum eine dermaßen verbreitete Ungleichbehandlung der Geschwister durch ihre Eltern unterstellen, daß sie sich statistisch niederschlägt.

Es bleibt nur die Folgerung, daß es der Größere leichter hat, sozial aufzusteigen. Eben weil ihm seine Körpergröße Selbstsicherheit und Anerkennung verschafft. Nur so läßt sich erklären, daß in Berufsgruppen mit verschiedenen Rangstufen die Ranghöheren im Durchschnitt größer sind als die Randniedrigeren: Handwerksmeister größer als Handwerksgesellen; Polizeihauptkommissare größer als Oberkommissare und diese wiederum größer als Kommissare; Oberschwestern größer als Schwestern usw.

Wenn schon innerhalb desselben Geschlechts die Körpergröße so wesentlich ist, so noch mehr in den Beziehungen der Geschlechter zueinander. Ein Mann kann es nicht ertragen, wenn eine Frau größer ist als er. Nach den Verteilungskurven der Körpergröße von Männern und Frauen läßt sich berechnen, wie häufig der Fall eintreten müßte, daß ein kleiner Mann eine große Frau heiratet. Dieses Ereignis kommt aber sehr viel seltener vor, als es nach dem Zufall zu erwarten ist, also eintreten müßte, wenn die Körpergröße für die Partnerwahl keine Bedeutung besäße. Ein kleiner Mann neben einer größeren Frau — in den Augen des konservativen Bürgers: einfach lächerlich!

Gerade für den Mann ist das Herabsehen zur Prestige-Sache geworden, die Körpergröße zum Maßstab des eigenen Wertgefühls. Kleine Männer leiden unter ihrer Körpergröße. Deshalb entwickeln sie ein besonderes Geltungs- und Bestätigungsbedürfnis, das sich in einem unangenehmen Imponiergehabe äußern kann. Weil sie sich körperlich nicht vergrößern können, plustern sie sich seelisch auf: Sie renommieren.

Renommiersucht zeigt auch der Mann ganz allgemein gegenüber der Frau. Mit seiner Körpergröße kauft er ihr den Mut ab. Die Körpergröße garantiert ihm auf

Es war einmal ein kleiner Mann

der einen Seite brutale Kraft und auf der anderen den dominierenden Blick von oben. Der Mann fühlt sich als starkes Geschlecht und handelt danach.

4. KAPITEL
Der
Testosteron-Sklave

Die Bremsen zweier Autos quietschen. Eine Scheibe wird heruntergekurbelt. „Sie Idiot!" schreit der Autofahrer. „Sie Anfänger!" brüllt der andere zurück. Wenn man bei diesen beiden Gentlemen jetzt den Adrenalinspiegel und den Blutdruck messen könnte, würde man Höchstwerte feststellen. Beide zeigen das typische Bild der Aggression. Und typisch ist auch, daß beide Männer sind.

Auf jeden Streß antwortet der Körper durch vermehrte Ausschüttung von Hormonen der Nebennieren in die Blutbahn. Diese Hormone versetzen den Körper in erhöhte Aktionsbereitschaft. Sie steigern den Blutdruck und die Herzfrequenz und lassen den Blutzuckerspiegel hochschnellen; das heißt, sie stellen die Energie bereit, um dreinzuschlagen. Zu diesen Hormonen gehört auch das Adrenalin. Die Stockholmer Psychologie-Professorin Ma-

Mit Vorsicht zu genießen

rianne Frankenhäuser hat entdeckt, daß
in vergleichbaren Konfliktsituationen der
Adrenalinspiegel im Blut bei Männern viel
mehr in die Höhe geht als bei Frauen.
Deshalb reagiert der Mann viel aggressiver als die Frau.

Die größere Aggressionsbereitschaft des
Mannes kann letztlich nur daran liegen,
daß er Mann ist, das heißt sein Körper
unter dem Einfluß des männlichen Hormons, des Testosteron, steht. In der Tat
haben Henry Fox und Mitarbeiter aus Bo-
ston sowie Harold Persky und Mitarbeiter
vom Albert Einstein Medical Center in
Philadelphia nachgewiesen, daß die Ag-
gressionsneigung mit der Menge an männ-
lichem Hormon zunimmt. Für den Mann
besteht viel eher Streßsituation, für ihn
ergibt sich viel schneller Anlaß zur Aggression. Ob er will oder nicht, das Testosteron sorgt dafür, daß sein Körper mit
Adrenalin überschwemmt wird, und
zwingt ihn zum Zähnefletschen. Das Testosteron beherrscht den Mann; ihm ist er
hörig.

Auch die Frau ist nicht frei von männli-
chem Hormon. Denn es werden in der Nebenniere, die ja auch bei der Frau vorhanden ist, unter anderem Stoffe produziert,
aus denen sich Testosteron bildet. Doch
die Menge an Testosteron im weiblichen

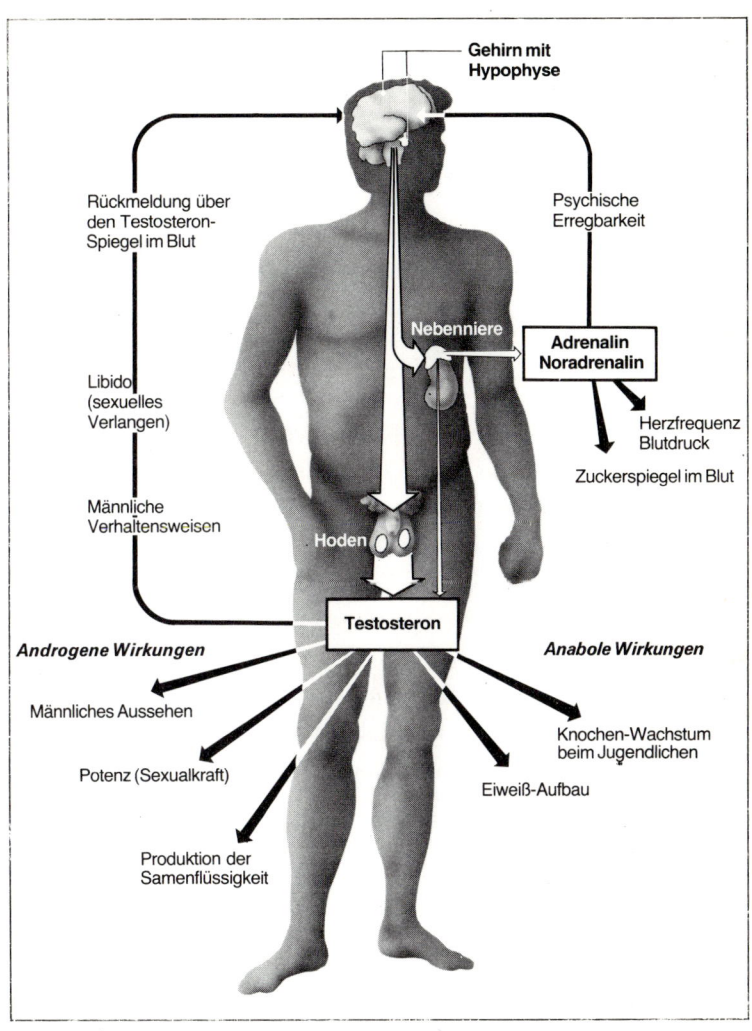

So hat das Testosteron den Mann im Griff: Die steuernde Hypophyse
befiehlt dem Hoden, wieviel Testosteron er produzieren soll.
Dieses wirkt u. a. über das Gehirn auf die Nebenniere, die vor
allem bei Streß Mobilmachungshormone ausschüttet.

Körper macht nur zehn Prozent derjeni-
gen des Mannes aus. Dieses bißchen Testosteron wird weit überwogen vom
Östrogen, dem weiblichen Hormon. Das
Östrogen aber ist ein freundliches Hormon, ein ausgereiftes Hormon, das Testosteron nur eine Vorstufe des Östrogen –
wieder ein Beweis dafür, daß der Mann
eine unfertige Frau ist.

Der Supermann   Das Mengenverhältnis von Testosteron
zu Östrogen ist charakterbestimmend:
Der Mann ist der Unverträgliche, die Frau
die Friedfertige. Die Forscher Leo Kreuz
und Robert Rose in Washington haben
denn auch bei Häftlingen, die wegen einer
Gewalttat verurteilt worden sind, einen
höheren Testosteronspiegel gefunden als
bei anderen. Und der Hamburger Arzt
und Anthropologe Rüdiger Fricke hat
festgestellt, daß Wehrpflichtige, die wegen
einer Gewalttat vorbestraft waren, besonders ausgeprägte männliche Merkmale be-
saßen. Auch Rocker entsprachen dem
männlichen Bild besonders gut, ebenso
solche, die sich freiwillig zum Wehrdienst
gemeldet hatten.

Seit einiger Zeit weiß man, daß es
Männer gibt, bei denen das männliche Y-
Chromosom doppelt vorhanden ist. Wie
sehen diese seltenen XYY-Männer aus?
Sie sind sehr groß und zeigen Störungen

in der Gefühls- und Triebsphäre. Keineswegs besitzen sie seelische Stärke — im
Gegenteil: Ihre Kennzeichen sind Stim-
mungslabilität, erhöhte Erregbarkeit, Un-
beherrschtheit, Hemmungslosigkeit und
Aggressivität. Sie leiden unter Kontakt-
schwäche und ertragen Entbehrungen besonders schwer. In der Durchschnittsbe-
völkerung findet man sie nur zu 0,1 Prozent, unter Kriminellen zu 0,7 Prozent
und unter Anstaltsinsassen, die wegen ihrer Gefährlichkeit besonders streng bewacht werden, bis über drei Prozent. Sicherlich ist das Ypsilon kein Kriminali-
tätschromosom, wie es Schlagzeilen in
Tageszeitungen verkündeten, denn die
meisten XYY-Männer werden nicht straf-
fällig. Aber wie die Statistik zeigt, bringt
das doppelte Ypsilon doch eine erhöhte
Gefahr mit sich, in die Kriminalität abzu-
rutschen.

Schon bei den Wirbeltieren ist das
männliche Geschlecht das aggressive.
Hundehalter wissen, wieviel schwieriger
Rüden sind, nämlich viel aggressiver und
weniger folgsam als Hündinnen. Unter
den Menschenaffen zeigt sich die Unver-
träglichkeit des Mannes gut beim Orang-
Utan. Hier hat jedes erwachsene Tier ein
bestimmtes Territorium. Die Territorien
der Weibchen überschneiden sich jedoch

Das Vermächt-
nis des Stiers

miteinander und auch mit denen der Männchen. Dagegen sind die Territorien der Männchen fein säuberlich voneinander getrennt. Denn *zwei* solcher Aggressivlinge dürfen nicht aufeinanderstoßen.

Auch bei den Tieren ist an der Aggression das Testosteron schuld. Ochsen sind genauso friedlich wie Kühe; denn man hat ihnen die Testosteron-Fabrik weggenommen. Gibt man aber kastrierten männlichen Tieren Testosteron, so werden sie wieder aggressiv. Dagegen kann man durch die Gabe weiblicher Hormone Aggressionen dämpfen.

Bei Aggressivität unter den Tieren denkt man vor allem an den Kampfhahn und den Bullen. Ihre Abhängigkeit vom Testosteron wird von Menschen zu zweifelhaftem Gaudi ausgenutzt. Der instinktverhafteten Aggression des Stiers setzt der Torero seinen männlichen Mut entgegen — oder seine Brutalität?

Vom Draufgängertum Was ist eigentlich Mut? Beim Torero ist es Geschäft. Ansonsten wird Mut oft mit Aggression verwechselt. Echter Mut besteht darin, in Verfolgung eines edlen Ziels einer Gefahr entgegenzutreten. Hierin stehen die Frauen den Männern nicht nach, wenn es auch bei den Frauen häufig weniger dramatisch zugeht. Und dies eben deswegen, weil bei den Männern oft eine

Ausnutzung der Instinktgebundenheit des männlichen
Säugetieres: Der Torero bedient sich der intellektuellen
Überlegenheit des Menschen, indem er mit technischen Hilfsmitteln
die Aggression des Stiers anstachelt, um ihn schließlich zu
töten. Die grausame Verzögerung bis zum unvermeidbaren
Ende gibt dem „Helden" Gelegenheit, Macht zu demonstrieren
und Ruhm einzuheimsen – auf der Basis ähnlicher Instinkte
wie den beim Stier mißbrauchten.

gute Portion Aggressivität und eine ebenso gute Portion Imponiergehabe hinzu-
kommen.

Der Mut wurde auch mit der typisch
männlichen Aufgabe der Jagd in Verbin-
dung gebracht. Es ist schon lange her,
daß Jagd gefährlich war. Heute besteht
das tapfere Männerhandwerk darin, aus
dem Hinterhalt am Hahn zu ziehen (in
der Treffsicherheit mit Schußwaffen sind
Frauen übrigens gar nicht schlechter). Die
Motivation der heutigen Sonntagsjäger
besteht in der Lust am Töten – eine
männliche Lust. Mut oder Brutalität?

Immer, wenn es darum geht, zu töten,
zu foltern, Gewalt anzuwenden, ist es
Männersache. Der Beruf des Schlachters
ist ein typisch männlicher Beruf, der kultische Kannibalismus wurde von Männern
betrieben, das Schafott von Männern bedient, Demonstranten werden von Männern niedergeknüppelt (weibliche mit be-
sonderer Leidenschaft), und Mord sowie
gefährliche Körperverletzung gehen in der
Bundesrepublik Deutschland zu 94 Prozent auf das Konto der Männer.

Jagd als echter Nahrungserwerb, wie sie
unsere Urahnen betrieben, hat nichts mit
Aggression zu tun. Denn Aggression richtet sich nicht gegen die Beute; sie reizt
nicht zur Wut. Aggression wendet sich ge-

gen den Artgenossen. Hier wird sie vor allem im Zusammenhang mit einer üblen männlichen Erfindung eingesetzt: dem Rang.

Ein hoher Rangplatz sichert in der Konkurrenz mit den Artgenossen den besten Bissen, den angenehmsten Platz — und selbstverständlich die Verfügungsgewalt über die Weibchen. Auch diese sind unter sich rangbildend, aber weit weniger streng als die Männchen. Und alle Weibchen stehen im Rang unter den Männchen, also das ranghöchste Weibchen unter dem rangniedrigsten Männchen. So ist es bei fast allen sozial lebenden Affen und bei vielen anderen Tieren. Schon vom Hühnerhof wissen wir, daß es unter den Hennen eine Hackreihe gibt; aber der Hahn steht in der Regel über allen Hennen.

Auch in dieser Hinsicht ist der Mensch seinem tierischen Erbe verhaftet. Das Testosteron läßt dem Mann keine Ruhe: Er zeigt die Zähne, um sich einen hohen Rangplatz zu erkämpfen. Zwar macht sein kümmerlicher Eckzahn kaum mehr Eindruck, doch er zeigt die Zähne ja auch nur bildlich. Ehrgeiz nennt man sein Streben — und die von Männern beherrschte menschliche Gesellschaft hat diese Eigenschaft sogar zur Tugend erhoben.

Ich bin der Größte

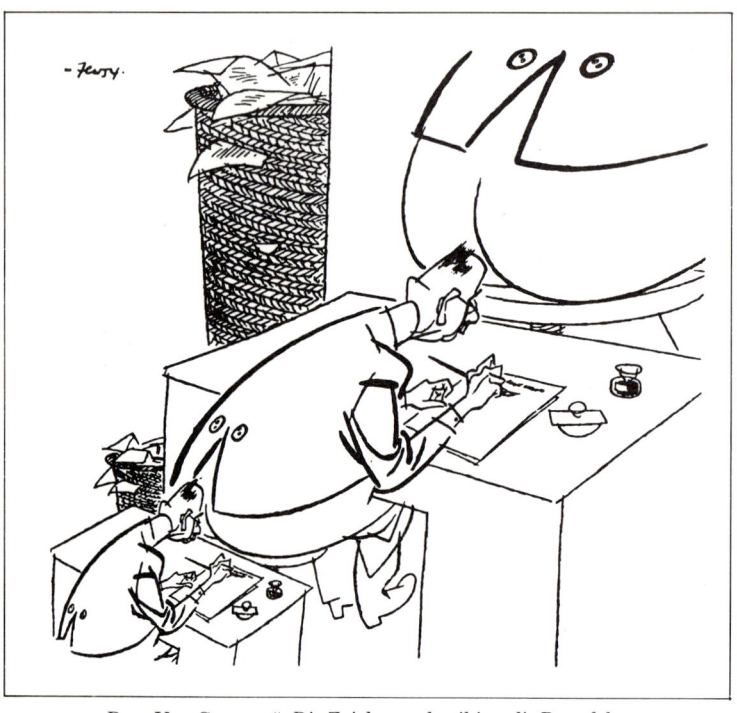

Der „Vor-Gesetzte": Die Zeichnung karikiert die Rangfolge
und das Streben nach einem höheren Rangplatz – typische Merkmale
der Affengesellschaft.

Soziales Prestige –
Rangverhalten auf
Säugetier-Basis,
gehoben auf
kulturelles Niveau.

Männer engagieren sich, um ihren Ehrgeiz zu befriedigen — Frauen setzen sich
ein um einer Sache willen! Deshalb überwiegen unter politischen Fanatikern die
Frauen. Denn der Einsatz für eine Sache
geht häufig auf Kosten der eigenen Person, der eigenen Karriere. Männer sind
dafür zu egoistisch. Dem Wesen der Frau
entspricht der Altruismus. Wieviel von ihrem eigenen Leben schenken sie jenem
anderen Menschen, dem sie das Leben
schenkten!

Der weiblichen Menschlichkeit steht der
männliche Ehrgeiz gegenüber. Ehrgeizbe-
friedigung — was ist das? Anerkennung,
Ruhm, Macht. Das Ziel der Männer ist der
hohe Rangplatz. Und wenn sie eine hohe
Position erreicht haben, schwelgen sie im
Erfolgstaumel, im Machtrausch. Aber immer noch lassen sie nicht ab vom Eindruckschinden, von der Selbstbeweihräu-
cherung, vom Bluff. Die ganze Lächer-
lichkeit des männlichen Lebensziels offen-
bart sich in der sinnlosen Titelsucht. Kon-
sul Weyer hat nur männliche Kunden.

Aggression und Rangstruktur sind eng
miteinander verknüpft. Beide sind das
teuflische Werk des Testosteron, und beide treten gemeinsam auf. Wo keine Hierarchie ist, da ist auch keine Aggression.
Wie uns der deutsche Verhaltensforscher

Mit Orden behängte Brust – Schaufenster des Ehrgeizes.

Für diesen albernen „Ritterschlag" zahlen reiche Männer
dem Titelhändler Hans Hermann Weyer Irrsinnshonorare. Es ist
bezeichnend, daß nur Männer diese Komödie spielen.

Irenäus Eibl-Eibesfeldt gezeigt hat, fehlen
beide bei den friedlichen Buschmännern
im Süden Afrikas als rühmliche Ausnahme innerhalb der streitsüchtigen Menschheit. Bei ihnen wird den Knaben die Aggression beizeiten aberzogen. Die Locke-
rung der Instinkte, wie sie sich im Verlau-
fe der Menschwerdung eingestellt hat,
verschafft hierzu die Möglichkeit.

Je strenger aber die Rangstruktur in einer Affenhorde ist, desto unduldsamer ist
der Pascha, desto leichter wird er aggressiv — denn um so größer ist seine Eifersucht. Bei Affenarten mit schwach ausge-
prägter Rangstruktur dürfen auch rang-
niedere Männchen unbehelligt Weibchen
begatten. Besteht aber eine strikte Rang-
ordnung, gehören alle Weibchen zum Harem des Alpha-Tiers; kein anderes Männchen darf es wagen, mit ihnen zu verkeh-
ren. Auch der übergroße Harem des mor-
genländischen Scheichs wurde (und
wird?) streng bewacht. Und hat sich nicht
der absolutistische Fürst in unserem zivi-
lisierten Abendland das Recht auf die er-
ste Nacht einer jeden Braut herausgenom-
men?

Es gibt bei Affen sogar Fälle, in denen
die männliche Eifersucht so weit geht,
daß ein neuer Pascha die Kleinkinder tö-
tet, die von seinem Vorgänger stammen.

Die Leiden-
schaft der
Eifersucht

Auch beim Menschen sind Stiefkinder oft nicht gern gelitten, sondern eben Stiefkinder.

Aggression und Rangstreben der Männer richten sich heute meist gegen die eigenen Geschlechtsgenossen. Denn mit seinen unfreundlichen Eigenschaften ist es dem mißratenen Ableger längst gelungen, den eigentlichen Menschen zu unterwerfen. Nur selten läßt er ihn dazu kommen, im Berufsleben mitzureden. So nimmt in allen Berufssparten mit steigendem Rang der Anteil der Frauen ab. Und je höher eine Berufsgruppe im sozialen Prestige rangiert, desto seltener sind Frauen. Unter den Professoren in der Bundesrepublik Deutschland machen sie nach Auskunft des Statistischen Bundesamtes nur fünf Prozent aus, wobei ihre Verteilung auf die drei Gehaltsstufen dieser Berufsgruppe erwartungsgemäß von unten nach oben gestaffelt ist: 7,2 Prozent – 5,8 Prozent – 2,5 Prozent.

Wieder einmal legte Paulus die Marschrichtung fest, als er an Timotheus schrieb: „Einem Weibe aber gestatte ich nicht, daß sie lehre, auch nicht, daß sie des Mannes Herr sei, sondern stille sei." Sogar in der Sowjetunion, auf deren Fahne nicht gerade Paulus-Worte stehen und in der seit Jahrzehnten nach offizieller Politik völlige Gleichberechtigung herrscht, findet man in allen gehobenen Positionen Frauen in der Minderzahl. Auch im Deutschen Bundestag sind Frauen mit nur acht Prozent vertreten, obwohl sie wegen ihrer längeren Lebensdauer unter den Wahlberechtigten überwiegen. Das weibliche Geschlecht wagt jedoch gar nicht, gegen das männliche anzutreten.

Bezeichnenderweise wird selbst heute noch häufig der Rang der Frau durch den des Mannes, also durch Heirat, bestimmt. Nicht selten nutzt die Frau diesen friedlicheren Weg des Aufstiegs.

Alle Herrlichkeit von seinen Gnaden

Das männliche Geschlecht hat das weibliche so sehr in seine Abhängigkeit gebracht, daß die Frau mitunter auch ohne Heirat versucht, durch sexuelles Entgegenkommen Vorzüge einzuhandeln – eigentlich eine versteckte Prostitution. Denn das Wesen der Prostitution besteht in sexueller Bereitschaft zur Gewinnung ökonomischer Vorteile.

In diesem Sinne gibt es auch schon in der Affengemeinschaft Prostitution. Sie könnte dort nicht vorkommen, wenn keine Rangstruktur mit Überlegenheit der Männchen bestünde. Denn dann hätte der Freier den Weibchen nichts voraus, kein Faustpfand zum Ausspielen. Nur sein höherer Rang erlaubt ihm, zum Beispiel einen Leckerbissen mit Beschlag zu belegen und nur gegen das Anerbieten des Weibchens herauszurücken.

Beim Menschen fehlt denn auch die Prostitution in den wenigen Gesellschaften, in denen es keine deutliche Hierarchie gibt — und nur dort. Im übrigen muß den Mann die Möglichkeit, sich Frauen zum sexuellen Vergnügen erkaufen zu können, in seiner Auffassung von der Frau als Handelsware bestärken.

Das dicke Ende

Mit seinen testosteronbedingten Eigenschaften hat der Mann die Frau gefügig gemacht und schüchtert sie laufend aufs neue ein. Mit seinen testosterongemachten Eigenschaften ruiniert er sich aber auch selbst. Seine Aggression und sein Rangstreben werden zur Sucht und treiben ihn in den dauernden Streß. Magengeschwür und Herzinfarkt sind die Quittung. So wird der Mann zur vom Ehrgeiz als Fluch des Testosteron zerrissenen Kreatur.

Aber noch viel schlimmer: Die Aggression des Mannes ist die größte Friedensgefahr. „Demagogen haben es immer wieder verstanden, Auslöser für Aggressionen zu simulieren. In der weniger biologischen Sprache der Ideologen heißt dies: Begeisterung erzeugen, um zu kämpferischem Einsatz zu führen."*

* Aus „Vergleichende Biologie des Menschen" von R. Knußmann, G. Fischer Verlag, Stuttgart 1980.

Der Mann ist es denn auch seit eh und je, der Kriege führt. Die hohe menschliche Intelligenz ohne entsprechende moralische Entwicklung gibt ihm die Möglichkeit, seine Art in den Untergang zu treiben. Er scheint sich mit der Unterjochung des wahren Menschen, der Frau, nicht zu begnügen, sondern er ist drauf und dran, ihn mitsamt sich selbst auch noch auszurotten. Die Folgen des H-Y-Antigens steigern sich zur Katastrophe für die ganze Menschheit. Der Mann – ein mißglückter Versuch der Natur!

5. KAPITEL

Liebe
und Besitz

In den beiden vorausgegangenen Kapi- **Das sexuelle**
teln wurde aufgezeigt, wie der Mann seine **Klischee**
Körpergröße und seine Aggression zur
Unterjochung der Frau benutzte. Er hat
dies gründlich getan. Sein gemeinster Ein-
fall war, das mit der Körpergröße verbun-
dene Auf/Abwärts-Prinzip in den Bereich
der Sexualität zu übertragen. Das männliche Tier reitet dem weiblichen *auf*, es
steht im Geschlechtsakt *über* dem Weibchen. Der männlichen Rolle in der Sexualität wurde der Wert einer Überlegenheits-
geste zugesprochen, die weibliche Rolle
als gleichbedeutend mit Unterlegenheit
abgestempelt. Das ist heute Lehrbuch-
weisheit der Verhaltensforschung.

Die symbolische Bedeutung von männ-
lichem und weiblichem Sexualverhalten
im Sinne von Über- und Unterlegenheit
geht so weit, daß sie bei Säugetieren zu
einem allgemeinen Verständigungsmittel

in der sozialen Gemeinschaft erhoben wurde. Das Aufreiten gilt als Überlegenheitsbe-
weis, das Sichaufreitenlassen als Einge-
ständnis der Unterlegenheit. Zu diesem
Zweck wird es auch zwischen gleichge-
schlechtlichen Tieren gehandhabt. Der
starke Rüde versucht dem schwächeren
aufzureiten. Gelingt es ihm, ist er der Boß.
Sträubt sich der andere, löst dies beim Stärkeren Aggression aus.

Auch der Pascha in der Affenhorde be-
stätigt sich und der ganzen Gruppe seine
dominierende Stellung, indem er den anderen Männchen aufreitet, wenn auch oft
nur andeutungsweise, nur gestenhaft.
Umgekehrt genügt schon das Präsentie-
ren, das Vorzeigen des Hinterteils als Un-
terlegenheitsgeste. Es stellt die weibliche
Weise der Aufforderung zum Geschlechtsverkehr dar und signalisiert deshalb Un-
terwerfung; die Aggression des Ranghöheren wird dadurch abgewendet.

Dagegen hat das Vorzeigen der männlichen Geschlechtsorgane, also der Leisten-
gegend, den Ausdruckswert des Drohens,
vor allem, wenn der Penis versteift ist.
Denn dann besitzt er nicht nur einen besonders engen Bezug zum Aufreiten, sondern in der Erregung geht er auch nach
oben — das entspricht dem Aufwärtsprin-
zip. Alles paßt schön zusammen.

Wer oben ist, ist der Boß. Aufreiten bedeutet Überlegenheit
und Sichaufreitenlassen Unterlegenheit. Auch
gleichgeschlechtliche Tiere, hier zwei Rüden, bedienen
sich dieser Gesten.

Das Pavian-Weibchen präsentiert dem stattlichen Männchen
seine einladende Kehrseite und beteuert damit seine Ergebenheit.
Zugleich droht es der Rivalin: „Mach' dich davon!"

Beim Menschen ist die sexuelle Betäti-
gung weitgehend in die Intimsphäre ver-
legt worden; demgemäß werden auch keine symbolischen sexuellen Handlungen
mehr zur mitmenschlichen Auseinander-
setzung herangezogen. In unserer zivili-
sierten Gesellschaft kann man vielleicht
einen letzten Rest im Götz-Zitat erkennen. Es kommt in ihm zum Ausdruck,
daß man auf eine Herausforderung des
Mitmenschen nicht eingehen möchte; vielmehr bietet man ihm, wenn auch rein
sprachlich, als Demutsgeste das Hinterteil
an. Nur der überlegene Rüde darf dem
unterlegenen am Hinterteil schnuppern;
denn das wird als Anzeichen einer
Aufreitabsicht verstanden. Das Götz-Zitat
freilich beinhaltet wegen seines offenkun-
digen Scheincharakters mehr Verhöhnung
als Unterwürfigkeit.

Wenn auch beim Menschen für die all-
tägliche Verständigung keine Symbole
mehr aus dem Sexualverhalten benutzt
werden, so besitzt doch immerhin der ver-
steifte Penis, der Phallus, in vielen Kulturen außerhalb Europas (früher auch in
europäischen) eine große kultische Bedeutung. Phallisches Imponieren durch das
Tragen stark vergrößerter Penis-Attrap-
pen ist bei Naturvölkern keine Seltenheit.
Daß dem Phallus auch beim Menschen

Das gefährliche
Spielzeug

Was die Natur
nicht gibt,
täuscht der
Mensch künstlich
vor: Phallisches
Imponieren
durch das Tragen
einer übergroßen
Penis-Attrappe
(Phallokrypt)
bei Papuas
in Neu-Guinea.

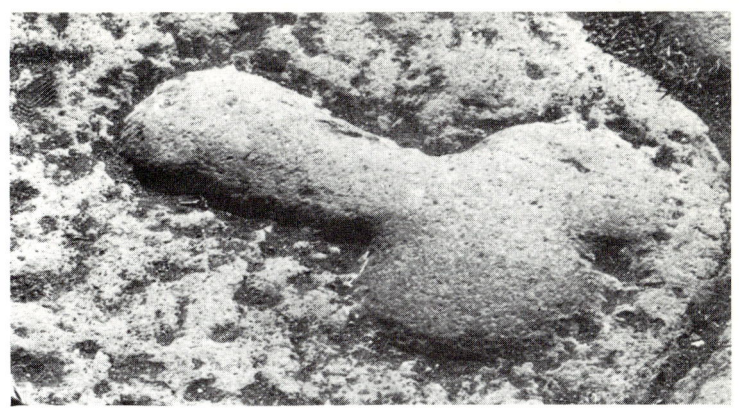

Anzeichen sexueller Freizügigkeit: Wegweiser auf
den Straßen von Pompeji.

Symbol des Phallus – groß und hart: 4000 Jahre
alter Granit-Menhir in der Bretagne.

Indikator mutterrechtlicher
Kultur-Elemente: Peruanisches
Trinkgefäß aus der Zeit um
Christi Geburt.

noch der Ausdruckswert des Drohens zukommt, zeigen Figuren mit grimmigem Gesicht und versteiftem Penis, die an Akkergrenzen und in Hauseingängen zur Abschreckung böser Geister aufgestellt werden.

Ausgerechnet in sogenannten mutterrechtlichen Kulturen — zum Beispiel bei Malaien-Stämmen Indonesiens und mehreren Indianerstämmen, wahrscheinlich auch in der frühen griechischen und römischen Kultur — ist der Phalluskult weit verbreitet. Zwar haben auch dort die Männer mehr oder weniger das Sagen, aber die Frauen sind doch nicht ganz so hoffnungslos unterjocht wie anderswo; denn zum Beispiel der Besitz und seine Vererbung sind an die weibliche Linie gebunden.

Die Verbreitung des Phalluskults in mutterrechtlichen Kulturen wird verständlich, wenn man bedenkt, daß sich ja die Frau den Mann geschaffen hat und mit ihm den Phallus. So verehrt sie Phallussymbole von beängstigender und zugleich erregender Größe — erregend und geliebt als Wollust verheißendes Spielzeug, beängstigend und gefürchtet als Wahrzeichen der männlichen Herrschaft.

Der Phalluskult erinnert an die Zeiten, in denen das männliche Geschlecht das

In liebevoller Pflege gedeihen die
Ableger gut.

Zur Betonung der
Männlichkeit
gehört das
„versteckte
Vorzeigen",
gekonnt bei
Ballettänzer
Nurejew. Auch
Latzstickereien
der bayerischen
Tracht lenken
den Blick in
die gewünschte
Richtung.

Doppelte Aufreitdrohung: Die
Kombination von versteiftem Penis und
grimmigem Gesicht belegt die
symbolische Bedeutung des Phallus im
Machtkampf. Auf der Insel Bali wird
diese Holzfigur zur Vertreibung von
Dämonen aufgestellt.

weibliche reizen mußte. Bei vielen Tierarten haben die Männchen einen besonderen Schmuck erfunden, um den Weibchen zu gefallen. Sie weisen ein besonders glänzendes oder farbiges Gefieder auf, sie vermögen ein Pfauenrad zu schlagen, sie tragen einen stattlichen Hahnenkamm. Bei den Vögeln sind sie das schöne Geschlecht und werben mit ihrer Schönheit um die Weibchen.

Auch unter den Säugetieren gibt es Arten, bei denen die Männchen viel attraktiver sind als die Weibchen. Sie verfügen über eine besondere Mähne oder ein großes Geweih. Doch hält sich die Umwerbung der Weibchen in Grenzen, und die körperlichen Vorzüge werden oft mehr dazu eingesetzt, die Konkurrenz einzuschüchtern oder ganz handgreiflich aus dem Felde zu schlagen.

Sogar noch unter den Affen gibt es solche, bei denen die Männchen mit einem besonderen Gag aufwarten: mit einem leuchtend blau gefärbten Hodensack wie beim Husarenaffen, mit bunten Zeichnungen im Gesicht wie beim Mandrill, mit einer riesig vergrößerten Nase wie beim Nasenaffen, mit schildartigen Wangenwülsten wie beim Orang-Utan oder mit einem rauschenden Bart, wie er sich bei mehreren Arten findet.

Der Verlust männlicher Schönheit

Schaumschlägerei – der Pfau schlägt ein Rad, um das
Weibchen zu betören. Bei den Vögeln sind die
Männchen darauf angewiesen, die Weibchen durch
Balzen begattungsbereit zu machen.

Portrait des „Herrn der Schöpfung" – beim Mandrill imponiert das Männchen durch seine bunte Gesichtszeichnung. Die Weibchen haben bei den Wirbeltieren in der Regel ein schlichteres Aussehen. Hier ist der Mann das „schöne Geschlecht".

Kampf der Rivalen – der Schwächere muß weichen; er wird
dem Stärkeren das Revier überlassen mitsamt den Weibchen. Bei den
Säugetieren, hier zwei Hirsche, dienen die Auswüchse der
Männchen, die Geweihe, weniger der Balz als vielmehr dem
ritualisierten Machtkampf mit den Geschlechtsgenossen.

Dem menschlichen Mann ist nur der Bart geblieben, und auch der ist in manchen Rassen recht schütter. Beim Menschen wurde die Frau zum schönen Geschlecht. Sie verfügt über den Zusatz der vorgewölbten Brüste, sie besitzt die stattlicheren Hinterbacken, sie hat die längeren Haare. Ist sie nicht auffälliger ausgestattet als der Mann?

Die Verhältnisse haben sich beim Menschen völlig umgekehrt. Die Frau muß dem Mann gefallen, damit er sie wählt. Deshalb hilft sie nach, wo es die Natur nicht gut genug gemacht hat. Besonders die fehlenden Farbeffekte werden künstlich gesetzt.

Ist die Frau wirklich das schöne Geschlecht? Oder ist dies nur eine subjektive Ansicht des Mannes? Muß sie nicht das schöne Geschlecht sein, weil der Mann sie als Spielzeug, als Puppe haben möchte? — Die Pervertierung der biologischen Geschichte! Der Ableger, den die Frau sich als Luxus für die Fortpflanzung leistete, sieht in ihr selbst ein Geschöpf zu *seinem* Vergnügen.

Nein, die Frau ist tatsächlich das schöne Geschlecht. Aber der Mann war es, der sie zum schönen Geschlecht gemacht hat. Durch die Auslese, die der Engländer Charles Darwin im vorigen Jahrhundert

Schönheit ist Geschmackssache:
Der weibliche Nasenaffe findet den leuchtend-roten
Kolben im Gesicht seines Männchens wunderbar.

als Ursache aller stammesgeschichtlichen
Entwicklung erkannt hat, wurde sie zu
dem, was sie heute ist. Auslese erfolgt
durch eine höhere Fortpflanzungschance
gegenüber den Konkurrenten bzw. Kon-
kurrentinnen. Die Fortpflanzungschance
einer Frau hing und hängt vom Ge-
schmack der Männer ab. So hat das Partnerleitbild des Mannes von der Frau das
schöne Geschlecht geprägt.

Und wie steht es um die stammesgeschichtliche Entwicklung des Mannes?
Hier zeigt sich ein entscheidender Unterschied. Während der Mann selbst heute
noch auf körperliche Schönheit der Frau
achtet, wertet die Frau jene Eigenschaften
viel höher, die im Zuge der Menschwerdung entstanden sind: Intelligenz und
Wille. Ihr Partnerleitbild vom Mann hat
eine viel höhere Entwicklungsstufe erreicht als das primitiv gebliebene Partnerleitbild des Mannes von der Frau.

Leistung spielt im Partnerleitbild der
Frau vom Mann eine wesentlich größere
Rolle als Schönheit. Leistung ist in unserer menschlichen Gesellschaft immer weniger an körperliche Merkmale gebunden.
So hatte männliche Schönheit keinen Aus-
lesewert mehr. Das Partnerwahlverhalten
der Frau machte den Mann häßlich. Aber
es machte ihn leistungsfähig, das heißt

geistig stark. Also ist der Mann doch der Frau intellektuell überlegen — eine Schlußfolgerung, die nur der biologisch Ungebildete ziehen kann. Eigenschaften, die nicht an die Geschlechtschromosomen gebunden sind beziehungsweise nicht vom Testosteron abhängen, werden von beiden Elternteilen auf die Kinder beiden Geschlechtes gleichermaßen weitergegeben. Das geistige Leistungsvermögen gehört zu diesen Eigenschaften. Die typisch männlichen Körpermerkmale dagegen sind vom Testosteron und damit vom männlichen Y-Chromosom abhängig.

Manchmal und immer Obwohl die Frau in der Entwicklung des Partnerleitbildes weiter vom Tier entfernt ist als der Mann, hat sie sich im Sexualverhalten einen sicheren Instinkt bewahrt. Dagegen muß schon unter den Affen das Männchen vieles erst lernen. Unerfahrene Schimpansenmännchen geraten zwar durch ein brünstiges Weibchen in Erregung und versuchen es zu besteigen; sie stellen sich aber so ungeschickt an, daß ihnen der Mißerfolg sicher ist. Und beim Menschen hat eben davor der Mann Angst, vorm Versagen. Gerade wegen dieser Angst macht der Möchtegern-Don-Juan so häufig ein trauriges Bild. „Und dürften sie und können nicht! Da möchten sie vergehen . . ." (Schiller). Meist fehlt es gar nicht an der körperlichen Kraft, doch die psychische Impotenz ist im mimosenhaften „starken" Geschlecht ein weit verbreitetes Übel.

Der Mensch zeichnet sich in der Sexualität durch eine zweite Besonderheit aus, die vielleicht mit eine Ursache der ersten, der männlichen Potenzangst ist: Die Frau ist ständig zum Geschlechtsverkehr in der Lage. Das Säugetier-Weibchen zeigt dazu nur Bereitschaft, wenn es sich in der Brunst befindet, wenn es heiß ist.

Bei vielen Affenarten signalisieren die Weibchen diesen Zustand durch eine mächtige Schwellung und Rötung der Sexualhaut, das heißt des Bereichs der äußeren Geschlechtsorgane und des Afters. Und nur Weibchen mit einer solch einladenden Kehrseite reizen die Männchen. Diese bleiben deshalb auch keiner treu, sondern wenden sich stets dem Weibchen zu, das gerade brünstig ist.

Der menschlichen Frau mit ihrer sexuellen Dauerbereitschaft hingegen ist es gelungen, einen Mann bleibend an sich zu binden. Sie stellt sich ihm ja auch ständig zur Verfügung und vor allem: Sie sendet in Form ihrer Brüste ein sexuelles Dauersignal aus, nicht nur ab und zu wie das Affenweibchen, dem schwellende Brüste fehlen.

„Ich bin heiß" – Brunstsignal
einer Schimpansin: Die mächtige
gerötete Schwellung des
genitalen und analen Bereiches macht
die Äffin für die Männchen
unwiderstehlich.

Zur Befruchtung ihrer Eier braucht die Frau nur selten einen Mann. Schon im ersten Kapitel wurde dargelegt, daß an und für sich für die Fortpflanzung einige wenige Männer ausreichten. Jede Frau möchte aber ihr eigenes Exemplar des männlichen Ablegers haben, und trotz aller Dominanz des Mannes hat sie ihn dazu gebracht, über seine Schutzfunktion hinaus auch bei der Nahrungsbeschaffung für sie und ihre Kinder mitzuwirken. Ihre erfolgreiche Waffe war und ist die immerwährende sexuelle Auslöserfunktion ihres Körpers.

Dabei geht bei der menschlichen Frau das charakteristische Signal ihrer Weiblichkeit nicht von der Kehrseite, sondern mit den Brüsten von der Vorderseite aus. Hinzu kommt, daß die menschliche Aufrichtung den Geschlechtsakt in der Bauch-zu-Bauch-Lage erlaubt. Bei einem Vierbeiner wäre dies schwierig. Die Zuwendung der Vorderseiten – Gesicht zu Gesicht – bringt aber einen viel individuelleren Kontakt mit sich als die Beschäftigung mit dem weitaus anonymeren Hinterteil. Dies alles begünstigt die individuelle Dauerbindung.

Der Verkehr in der Bauch-zu-Bauch-Lage brachte aber auch eine intensivere Reizung der Klitoris mit sich. So wurde es

Die Menschwerdung der Frau

der Frau ermöglicht, den entspannenden Höhepunkt, den Orgasmus, zu erfahren. Bei Affen-Weibchen sind kaum entsprechende Reaktionen zu erkennen. Wegen ihrer größeren sexuellen Kapazität nennen böse Zungen die menschliche Frau die nymphomane Äffin. Sie besitzt aber bestimmt nicht mehr Geilheit als der Mann. Und was dem einen recht ist, ist dem andern billig.

Eines aber unterscheidet in der Sexualität die Frau vom Mann: Mit den typisch menschlichen Veränderungen der weiblichen Sexualität hat die Frau ein tieferes Erlebnis der Partnerbeziehung erlernt. Der Orgasmus erlangte für sie eine ungemein starke, bindende Wirkung. Er erwies sich als Weg zu einer großen seelischen Liebesfähigkeit. Der Orgasmus selbst, der körperliche Sex wurde darüber eigentlich zur Nebensache. Der Mann dagegen kann nie so lieben wie eine Frau, die sich ganz aufzuopfern vermag. Nur sie ist fähig, echt und selbstlos zu lieben.

Vom Mißbrauch der Liebe Das uneingeschränkte Liebesvermögen der Frau nutzt der Mann schamlos aus. Es liefert ihm eine willkommene Gelegenheit, seine Vormachtstellung zu sichern. Da in der menschlichen Gesellschaft eine zunehmende Verschiebung zugunsten geistiger Funktionen stattfindet, wäre seine auf

Muskelkraft gründende Herrschaft vielleicht auf Dauer nicht haltbar. Aber die Liebe zu ihrem ungehobelten Ableger führt die Frau in die freiwillige Abhängigkeit.

Der Mann behält in der Liebe die Oberhand, weil er die Frau nur als Sexual*objekt* liebt. Im Grunde hat sein Interesse an der Frau gar nichts mit Liebe zu tun. Es ist nur Besitzstreben, reine Habgier, wie sie sich im Zusammenraffen eines Harems zeigt. Auf gleicher Ebene liegt, daß im Orient und in Afrika fette Frauen bevorzugt werden. Man kann es sich leisten, seine Frau zu mästen, denn man ist reich, man *besitzt* viel. Die Frau wird zur reinen Prestige-Sache.

Die seelische Tiefe unangefochtener Menschlichkeit, wie sie eine Frau auszeichnen kann, hat der Mann nie erreicht. Er ist eigentlich nie richtig Mensch geworden. Er blieb immer Affenpascha. Die Frau liebt, der Mann besitzt.

6. KAPITEL

Der Mensch
der Zukunft

Schon früh in der Geistesgeschichte des
Abendlandes machte der Mann eine tolle
Entdeckung. Er merkte, daß die Frau einem Kind ähnlicher sieht als er. In der
Tat weicht die Frau in vielen Merkmalen
in derselben Richtung vom Mann ab wie
das Kind. Beide sind kleiner als er und
graziler, besitzen einen geringeren Mus-
kel-, aber höheren Fettanteil, wodurch
das Oberflächenrelief weicher ist; die Bei-
ne sind im Verhältnis zum übrigen Körper
kürzer, der Brustkorb ist weniger abgeflacht, der Körper schwächer behaart, die
Stimme heller. Die Proportion von Hirn-
kopf zu Gesicht ist zugunsten des Hirn-
kopfs verschoben, das Gesicht ist weniger
länglich, die Stirn steht steiler, Nase und
Kinn treten weniger hervor, die Nasen-
spitze ist stärker nach oben gerichtet und
die Lidspalte weiter.
Auch im Psychischen sah und sieht

Die süße
Kleine

man Entsprechungen zwischen Frau und Kind: gegenüber dem Mann eine stärkere Betonung des Gefühls, eine größere Hinwendung auf den Mitmenschen und auf die Eindrücke aus der Umwelt, eine höhere Sprachbegabung, aber geringeres mathematisch-technisches Verständnis und freilich weniger logisches Denken. Schon der Philosoph Arthur Schopenhauer war der Meinung, daß „die Weiber . . . zeitlebens große Kinder sind: eine Art Mittelstufe zwischen dem Kinde und dem Manne, als welcher der eigentliche Mensch ist".

In der hochtrabenden Sprache der Wissenschaft hieß es bald: Die Frau ist ontogenetisch primitiv. Ontogenetisch, das heißt in der Individualentwicklung, der Entwicklung vom Ei zum Erwachsenen; primitiv meint in der Wissenschaft (dem eigentlichen Sinn des Wortes gemäß): wie es *zuerst* war, also anfänglich, ursprünglich. Folglich bleibt die Frau auf einer niederen Stufe der individuellen Entwicklung stehen, auf kindlichem Niveau!

Die ontogenetische Primitivität der Frau lieferte dem Mann ein phantastisches Alibi, die Frau wie ein Kind, eben ihr „angemessen" zu behandeln − sie zu bevormunden, sie zu bestrafen, wenn sie nicht parierte. Noch um die Jahrhundert-

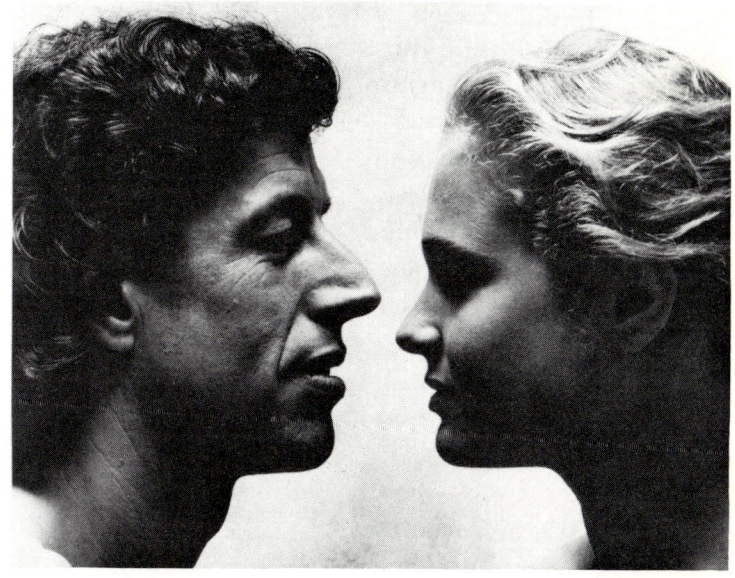

Mit ihrem grazilen Gesicht, dem steilen Profil und der hohen Stirn
ähnelt die Frau einem Kind mehr als der Mann. Das kindliche
Bild aber ist stammesgeschichtlich weiter über das tierische Stadium
hinaus entwickelt als das Bild des erwachsenen Mannes.

wende stand nach dem Bayerischen Landrecht dem Ehemann das Züchtigungsrecht gegenüber seiner Frau zu. Heute *hat* er es nicht mehr, aber so mancher *nimmt* es sich. Frauenmißhandlung dürfte kaum weniger verbreitet sein als Kindesmißhandlung. Aber man (oder: der Mann) sieht leichter darüber hinweg.

Die Umkehr des Spießes Die Frau ist jedoch nicht generell kindhaft. Sie erreicht zwar früher das Erwachsenenalter als der Mann, aber der frühere Abschluß der Reifung bedeutet keinen geringeren Reifegrad; denn die Entwicklungsprozesse laufen im weiblichen Geschlecht rascher ab. Mädchen sind deshalb ihren männlichen Altersgenossen in vielem voraus − nicht nur in der körperlichen, sondern auch in der geistigen Reife.

Die erwachsene Frau besitzt keine geringere Urteilskraft, kein geringeres Verantwortungsbewußtsein, keine geringere Selbständigkeit als der Mann. Sie steht nicht weniger ihren „Mann" als er − bezeichnend nur, daß man in unserer Gesellschaft eben seinen Mann steht und niemals seine Frau.

In manchen, durchaus sehr wesentlichen Bereichen ist der Mann sogar unreifer als die Frau. Während sie zu einer ausgeglichenen Persönlichkeit findet, bleibt er in der Pubertät, dem zweiten

Trotzalter, stecken — unausgegoren, wirklichkeitsfremd, rüpelhaft und voll Widerspruchsgeist. Er kommt gewissermaßen nicht über den Entwicklungsstand des Jugendlichen, genauer: des männlichen Jugendlichen hinaus.

Dem männlichen Jugendlichen macht die neuerworbene Sexualität zu schaffen: Es ist ihm noch nicht gelungen, sie in das Gesamtbild seines Lebens mit dem richtigen Stellenwert einzubauen. Und es wird ihm auch nie gelingen. Das Denken des Mannes kreist um Sexualität und Macht, was beides für ihn im Grunde dasselbe ist. Der Mann ist eine rauhe und doch gebrechliche Sonderform made in puberty — eben der alte Befruchtungsspezialist.

Was dagegen die Frau tatsächlich an kindhaften Zügen aufweist, beeinträchtigt ihre Lebenstüchtigkeit in keiner Weise — im Gegenteil. Ontogenetische Primitivität heißt Bewahrung aller Entwicklungs-, aller Anpassungsmöglichkeiten, heißt Offenheit. Gleichsam symbolisch zeigt sich die Offenheit der Frau schon an ihrem Körper. Ihre Geschlechtsteile bleiben offen, während der Hodensack des Mannes aus der Verwachsung der weiblichen Schamlippen entsteht. Männlich bedeutet Verschluß, geschlossen, abgeschlossen — Unfähigkeit zur Weiterentwicklung.

Offen und zu

Offenheit dagegen garantiert Aufnahmefähigkeit und damit Lernbereitschaft. Lernbereitschaft aber ist die Basis der kulturellen Evolution. Noch im Mittelalter waren in den gehobenen Ständen die Frauen die Gebildeten, die Männer Haudegen. Die Männer merkten jedoch bald, daß Wissen Macht ist und rissen auch diesen Bereich an sich. Heute machen in unserem Kulturkreis mehr Männer als Frauen Abitur, und erst recht überwiegen die Männer unter den Studenten; in der Bundesrepublik Deutschland erwerben etwa doppelt soviel Männer als Frauen einen Hochschulabschluß. Dabei ist unsere Sprache, die Wissenschaft überhaupt erst ermöglichte, eine Erfindung der Frau; denn nach den überzeugenden Darlegungen des Forscher-Ehepaares Jonas in London ging die Sprache aus dem Lall-und-Antwort-Dialog zwischen Kind und Mutter hervor, dem ursprünglich eine Bindungsfunktion zukam.

Offenheit ist nicht nur die Grundlage der kulturellen, sondern auch der biologischen Evolution, der stammesgeschichtlichen Höherentwicklung. Dies besagt, daß ontogenetische Primitivität gleichbedeutend ist mit stammesgeschichtlicher Fortschrittlichkeit. Das Kind bietet das Bild der nächsthöheren Form.

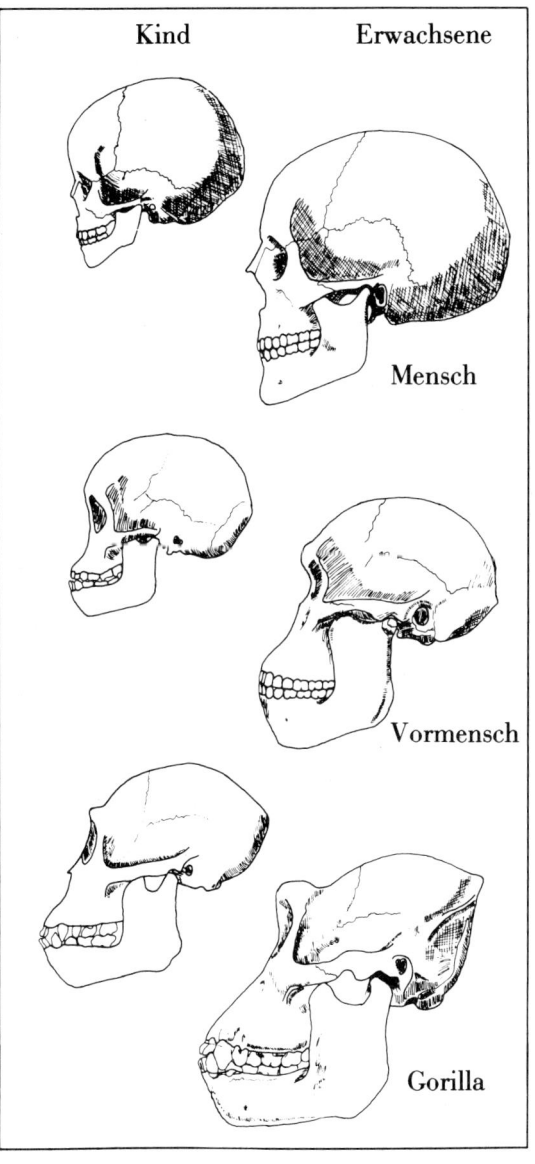

Kind   Erwachsene

Mensch

Vormensch

Gorilla

Das Kind ist die Zukunft – es garantiert nicht nur das Fortbestehen der Art, sondern zeigt auch deren künftiges Aussehen. Auf jeder stammesgeschichtlichen Stufe weicht es in Richtung des nächsthöheren Lebewesens vom Erwachsenen ab. Mit seinen kindhaften Zügen deutet auch das weibliche Bild in die Zukunft.

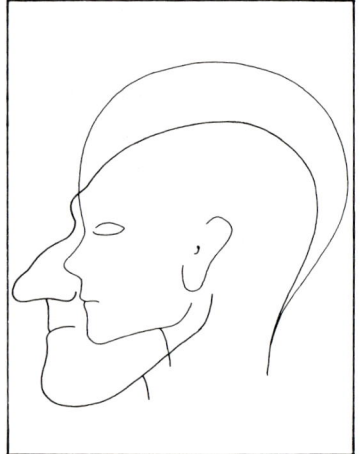

Männliche und weibliche
Entwicklungstendenz in karikatur-
hafter Übersteigerung.

Schon vor etwa einem halben Jahrhundert haben die Biologen dieses Prinzip für die Menschwerdung erkannt. Es ähnelt das Kind des Menschenaffen dem erwachsenen Vormenschen und dessen Kind dem erwachsenen heutigen Menschen. Und somit weist das weibliche Bild mit seinen kindhaften Merkmalen in die Zukunft der Art. Doch wieder einmal hat ein Mann die Dinge auf den Kopf gestellt: Bruder Andres glaubte 1617, sich in einem Buch damit auseinandersetzen zu müssen, „ob die Weiber Menschen seyn".

In Wahrheit ist der Mann weniger fortschrittlich, weniger menschlich als die Frau. In der Sprache der Biologen ist er tierhaft-primitiver als sie. Mit seinem größeren Gesicht, seinen derberen Überaugenbögen und seiner stärkeren Körperbehaarung erinnert er an unsere stammesgeschichtlichen Vorfahren. Sein primitives Partnerleitbild und seine Befangenheit in den tierischen Instinkten der Aggression und des Imponierens passen gut dazu.

Noch einmal können wir festhalten: Der Mann blieb immer Affenpascha, immer Affe. Die Frau dagegen ist der wahre Mensch, und sie bietet auch das Bild des künftigen Menschen.

Die Bilanz

———

Bildnachweis

Seite 12: Archiv für Kunst und Geschichte; 15: Institut für Humangenetik, Universität Marburg; 19: Sigrid Helsterberg/Dietmar Erben; 20: aus C. Overzier, Die Intersexualität, Thieme Verlag, Stuttgart 1961; 24: Lennart Nilsson; 26: Lennart Nilsson/Life Magazine; 36: Bruce Coleman; 39: Charlotte March; 41: Sigrid Helsterberg/Dietmar Erben; 42 o.: Claas Bauer; 42 u.: aus H. Grimm, Grundriß der Konstitutionsbiologie und Anthropometrie, Verlag VEB Volk und Gesundheit, Berlin 1966; 50: Photoresearchers/Don McHugh; 52: Photoresearchers/J. H. Robinson; 53: Peter David; 55: Susanne Schapowalow; 56: aus O. Großer in R. Koßmann und J. Weiß, Mann und Weib, Stuttgart/Berlin/Leipzig o. J.; 59 o.: nach Hansen aus J. Welzl, Das Weib als Sklavin, Verlag für Kulturforschung, Wien/Leipzig 1929; 59 u.: Gert von Bassewitz; 60: aus R. Knußmann, Vergleichende Biologie des Menschen, G. Fischer Verlag, Stuttgart 1980; 66: Patrick Siccoli/Gamma, Laenderpress; 68: Rex Features; 69: UPI; 71: Roger Holleindre; 79: Sigrid Helsterberg/Dietmar Erben; 83: Reportage de Coral; 86: Mirko Sczewczuk; 87: Magnum/Ian Berry; 89: Camera Press; 90: ZDF; 99: R. Knußmann; 100: Volker Hinz; 102: Black Star/S. Presser; 103 o.: Milan Hovacek; 103 u.: aus F. Damaskow, Verbotene Früchte, Freyja Verlag, Schmiden bei Stuttgart 1966; 104: aus Die Liebe in der Kunst, Nagel Verlag; 106: Michel Fingesten; 107: Camera Press; 108: aus Irenäus Eibl-Eibesfeldt, Der vorprogrammierte Mensch, Molden Verlag, Wien, Wien/München; 110: Photoresearchers/Don McHugh; 112: M. W. Schmelzenbach; 111: Tierbild Okapia; 114: Features International/J. Doidge; 118: Photoresearchers/R. Kinne; 125: Olaf Gollnek; 129: aus Rainer Knußmann, Vergleichende Biologie des Menschen, G. Fischer Verlag, Stuttgart 1980; 130: R. Knußmann.

Der Autor – Rainer Knußmann, 46, studierte in Mainz Biologie und Psychologie. Nach vierjähriger Professur in der Medizinischen Fakultät Düsseldorf wurde er 1972 Ordinarius für Anthropologie an der Universität Hamburg und Direktor des Anthropologischen Instituts. Rainer Knußmann zählt zu den führenden Anthropologen Europas. Er ist durch mehrere Forschungsreisen und bedeutende wissenschaftliche Arbeiten hervorgetreten (etwa 100 Publikationen). Sein derzeitiges Hauptarbeitsgebiet ist die Geschlechteranthropologie.